Andrea Ade

Gedichte

Quer durch die Gedanken

Dimensionen

Ein kleiner Stein
der irgendwann
ins Wasser fiel
zog trotzdem
große Kreise

*Bibliografische Information der Deutschen National-
bibliothek:*
*Die Deutsche Nationalbibliothek verzeichnet diese
Publikation in der Deutschen Nationalbibliografie;
detaillierte bibliografische Daten sind im Internet
über http://dnb.dnb.de abrufbar.*

*Herstellung und Verlag: BoD – Books on Demand,
Norderstedt*

ISBN: 978-3-7528-2388-2

Inhalt

Abschied

Schlussstriche ziehen

Für manchen
brauchst du
Stift um Stift
und ahnst
auch dieser
reicht mal
wieder nicht

Unaufhörlich

Regentropfen rinnen
an der Scheibe
wie die Erinnerung
in mein Herz.

Grau in Grau
sind diese Tage

Und Tschüss

Wirf den Umhang weg
und zieh den Vorhang auf
Wegen mir, vergiss mich auch
aber lebe endlich wieder
und freue dich darauf ...
Auf jeden einzelnen Tag
sei neugierig
was er dir bringen mag

Hoffentlich nicht

Da war mal
so viel Licht
und so viel Farbe
gab es nicht
um all das Schöne
auszumalen

doch auch das
geht nur so lange
bis das Schöne
irgendwann
zusammenbricht

Nachruf

Die Fantasie hat keine Flügel mehr
der Kopf ist furchtbar leer
lacht nicht mehr in sich rein
kann nie mehr in die Lüfte steigen
in einer Nacht die Welt umkreisen

Schlusspunkte

Das Leben setzt Akzente
malt manchmal aber
auch nur Punkte
als wolle es ermessen
mit wie wenig
ein Mensch leben kann

Freunde for never

Ein Lächeln von dir
die Naivität so
grenzenlos in mir
blühte kornblumenblau.
Doch selbst grüne Hoffnung
beschattet mittlerweile das Grab
ich schlage wild drauf
so feste wie ich vermag

Verlustängste

Von Traurigkeit umschwebt
trägt Lyrik dich sehr weit
im Tränenmeer verwebt
besteht sie auf ein festes Kleid
Gedanken haben sich gefunden
zwischen Nebel und dem Morgentau
noch warm und frisch erfunden
dein Name steht im Wörterbau
Verlasst mich nie in meiner Welt
sonst legt die Nacht sich auf das Licht
und die Gedankenwelt zerbricht

Bittersalz

Unausgesprochenes steht im Raum
Vorwurfsvoll sieht klagend dich nur an
Stummheit herrscht in vollen Zügen
Sprachlosigkeit wird hier nun leben
voll daneben und doch mittendrin
Untergang im Freundschaftsleben

Gelebtes Abseits

Ist Zeit zu gehen
es war noch nicht mal schön
es waren Zeiten voller Frust
es war nie ein Gewinn
und den Sinn
musstest du
dir immer
wieder denken
noch nicht mal den
wollte man dir schenken

Schreibe nicht mehr

sondern denke mehr
Leben zwischen den Zeilen
lassen mich verweilen
z. B. am Meer

Wahrnehmungen

Ob ehrlich oder zynisch
ist es egal
denn nie mehr im Leben
sprechen wir
über das Geben
oder das Nehmen
und die Freundlichkeit
so ist das eben
im Ergeben
hoffen wir
mal

Um tausend Ecken

furchtbar ist es
wenn du erkennst
wie Menschen
über dich denken
die du schon
Jahrzehnte kennst
während Illusion
die Tasche packt
und Freundschaft winselt
was jetzt noch geht
ist es – zu spät

Freiheit

Die Tür
steht auf
und niemand
ist mehr da
ging einfach los
ja klar
wenn die Tür
mal nicht
verriegelt war

Ein Jahr zum Abgewöhnen

Die Erkenntnis
schmeckt so klar
wie selbstgekochte
Hühnerbrühe
doch selbst für die
muss jemand sterben

Facetten

Ich sehe mich und dich
manches vergisst sich halt nicht
deine Angst so groß
vor meinen Spinnenbeinen
dabei schlang ich sie noch nie um dich
sitze nur an irgendeiner Wand
und schau den Lebensweg entlang.

Im Nebelreich

Jeder Weg hat seinen Gang
er geht so weit
und hält so lang
wie die Zeit
ihm das erlauben kann

Saiten

Dein leeres Gesicht
fällt nicht mehr ins Gewicht
es gibt nichts mehr zu sagen
noch Fragen?

Flucht

Gedanken fallen flüchtend aus dem Kopf
verbinden nur verletzte Seelen
ohne eigene Ideen
Sterne sitzen zu oft
hinter blinden Augen
können nichts mehr sehen
wollen ebenfalls gehen
dem Aufbruch
ist die
gute Stimmung anzusehen

Du und ich

Uns gibt es nur noch in Gedanken
das Leben setzt hier seine Schranken
Gedanken die nun wandern
von einem Punkt zum andern
in absoluter Ehrlichkeit erzählen
sich aber nie mehr erwähnen
ein langer Weg
er war nicht immer schwer
doch heute können du und ich
ganz neue Ziele sehen
Gute Nacht mein Freund
ich sage nie – auf Wiedersehen
denn es war einfach nur *auch schön*
bleibt deshalb so lebendig
so ein Weg
der ist unendlich ....

Achte auf dich

Trotz alledem

Vergangenheit
du bist erledigt
deine Kälte
spüre ich nicht mehr
bereits der Morgen
fühlt den schönen Tag
und reißt gleich
ganze Bäume aus

Hallo Welt
bin wieder hier

Willentlich

Die Schichten
der Vielfältigkeit
geben die Farben
die trotz Narben
immer noch leuchten
(können)

Voran

Sieh dich nicht vor
gib niemals auf in dir
Schritt für Schritt
gehst du und
auch wenn
es nicht glückt
sieh dich nicht vor
schau lieber später nach!!!!

Auf noch viele gute Momente!

Unüberschaubar

Im Lebensgeflecht
als Labyrinth
dort liegt dein Weg
doch suche ihn nicht
er findet dich

Starke Wege

Schreibe nichts
was du nicht weißt
schreibe auch nichts schön
denn Träume können gehen
schreibe wie du denkst
auch dass du verletzlich bist
doch zeige auch die Stärke
die du in dir fühlst
sonst könntest du nicht gehen

Immer

Zwischen allen Stühlen sitzen
kann jeder dich benützen
kauf dir endlich eigenes Holz
bau deinen eigenen Stuhl daraus
und schenk` dir jede Menge Stolz
er wird dich schützen
und du schaust endlich mal
aus deinem eigenem Fenster raus

Gänge

Eines Tages
ist deine Ruhe aufgewacht
du hast noch nicht mal nachgedacht
geschenkt vom Leben
flog sie ein soeben
und gab dir Zügel in die Hand
im Gleichgewicht mit dir
und völlig selbstbewusst
reitest du jetzt
nicht mehr neben dir
Glückwunsch

Lektionen

Manchmal wird etwas gut
doch so oft auch nicht
wichtig ist, was du daraus lernst
und daran nicht zerbrichst

Das Tränenmeer

Liegt nicht mehr still
es tost so wild
und brüllt
es nimmt
verschluckt
und spukt
und
hilflos treibst
du mit
erschrickst
erstickst
bist selber schuld
leidest ja auch immer mit

immer leidest du ja mit

Meinungen

die Wahrheit spricht
wenn man sie hören will
das letzte Wort
nackt steht sie da
offenbart sich ungeniert
ist amüsiert
über das Erstaunen
aber weiß
du hast kapiert
die Wahrheit hat gewonnen
kann sich jetzt sonnen
und du
hast wieder mal dazugelernt
auch ohne Sonnenstudio

Im Bild

Bald ist alles wieder
wie es noch nie war
allein die Vorstellung
so sonderbar 🤖

In der Sicht

Es geht nicht darum
was und wie du lebst
sondern nur
was du nach außen trägst

die Sicht der Andern
auf dich zentriert
was dir ihr Bildschirm zeigt
trägt so viel Hässlichkeit
und konfrontiert dich täglich

dein eigenes Spiegelbild
sieht anders aus
doch IHRES macht dich
nach und nach unmöglich

du solltest nicht mehr überlegen
sondern alle Türen schließen
um für immer fortzugehen

Eine Angst

Das Leben spricht
und teilt dir mit
wer du so bist
doch musst du
in keine Schiene passen
das Leben kann dich
auch machen lassen
dann freut es sich
und zeigt dir Wege
unendlich und auch grenzenlos
nur Angst mich dich so chancenlos

Im Netz

Lass los und spring
Tief fällst du nicht
Dein Leben
Hält dich fest
In seinem Lauf
Vertrau darauf

Immer mal wieder

Zwischendurch mal Schreiben
oder in Gedanken reisen
zwischendurch mal Lachen
oder einen Unsinn machen
zwischendurch mal an sich denken
ganz viele gute Gedanken schenken
Zwischendurch in all dem Leben
sonst ist ja keine Zeit
so ist das eben

Vermisst

Ich bin kein Kind der Sonne
aber ein Stück vom Leben
und darum lache ich
bis die Sonne
auch für mich scheint

Unterm Strich

Ich sitze hier auf einem krummen Ast
doch weiß zumindest wer ich bin
deshalb ist es ist auch nicht schlimm
auf diesem krummen Ast zu sitzen
denn er ist unter mir gewachsen
und Hass geht nicht zu meinen Lasten
jeder sollte doch nach eigenen Ästen sehen
im Geben und Nehmen – Vorbild leben
und mich so krumm belassen
doch selber mal nach seinen Werten fassen

Zum Glück

Im Geflecht
bist du
oft ungerecht
trotzdem
leben die Momente
und machen
aus dem Ende
bestenfalls
'ne Ente

Jaja

Ganz schön alleine
lebt das Leben
und ist sich selbst
genug dabei
nicht nur
Momente leben
stark sein eben

Leere

Du brauchst doch findest nicht
du kannst doch traust dich nicht
du wünscht doch kennst es nicht
du schwebst doch siehst es nicht
du lebst doch fühlst es nicht
du wartest doch suchst du nicht
so hoffnungslos ist hier das NICHT

Der Tag

Der Tag
an dem
du *nach Hause* kommst
und dich in dir sonnst
der Tag
an dem du erkennst
wofür du brennst
der Tag
der dir zeigt
wer dich mag
auch ohne *Likes*
der Tag
an dem du nicht mehr fragst
sondern weißt

Sanfte Töne

in *Piano* klimpert dein Leben
doch jeder kann wenn er will
immer wieder etwas geben
die Töne manchmal so zart
treffen auf Leben mitunter so hart
doch eine Melodie verfestigt sich
der Ohrwurm glaubt an sich
zieht irgendwann dann Schleifen
die auch dich ergreifen

NEIN

was ist so schwer an einem NEIN
das Wort kann es nicht sein
zwei Buchstaben mehr als ein JA
steht ein NEIN jedoch ganz klar
für eine Meinung
und kann nicht mehr zurück
das Ja hat da noch Chancen
kann umkehren auf der Brück'
vielleicht auch lügen
oder den Moment verbiegen
das Nein kommt nicht zum Liegen
es kann nicht fallen
steht ganz grad – doch auch ALLEIN
Aber es ist ehrlich
da lächelt das JA gemein
wünscht sich aber insgeheim
so ehrlich wie das NEIN zu sein

Allein allein

Wer bin ich?

Was bin ich
Das weiß ich schon
Ein ganzes Leben lang
Doch die Realität
haut mir dazwischen
hab das wohl so gewählt
aber jetzt will ich nicht mehr
ich will den Weg für mich allein
will wieder spüren
wie ich *wer* und *was* bin!

Zwei Welten

Allein zu sein
die Einsamkeit seufzt
gerne wäre sie damit gemeint
allein geht, wer es nicht anders kennt
einsam lebt, wer nie nach außen geht
alleine trifft auf Einsamkeit
zwei Welten

 Allein

Ich bin allein
das kenne ich
nur zu gut
und doch ist
immer Stärke da
die mich tagtäglich
stets begleitet
So gebe ich
Gefühlen einen Namen
Stationen werden zum Begriff
mich nie allein zu wähnen

das Leben wird mir so
nie einsam scheinen
Doch wer bin ich

Ich
bin allein

Glaube nur nicht

Glaube nur nicht
dass du jemanden verändern kannst
du schaffst du nur bei dir
und bist mal wieder
ganz allein dafür

In diesem Leben

Schon ganz schön groß
angeblich abgeklärt
trotzdem trittst du in die Falle
keine Lust mehr
vorsichtig zu gehen
willst wohl mal
den Fallensteller sehn

Ziele

Verschlossen ist das Schneckenhaus
es geht nicht rein und auch nicht raus
einsam und allein wird es zu Stein
so hat's gedacht
will irgendwann Fossil sein
ein hoher Preis und eine stille Reise
versteinert in der Ewigkeit
doch wenn es glückt
wird man Jahrtausende
noch staunend es betrachten

Schule des Lebens

Kraft wollte ich geben
Halt wollte ich sein
jetzt finde ich mich
selber nicht mehr
fühle mich allein

Kleiner Tod

Es klappt die Tür noch in der Nacht
erschreckt dein Blick - sie lauert schon
Sekunde des Verstehens
gedemütigt erschlägst du Kissen
musst dir dabei gestehen
wieder mal kein *gut* und *schön*
niemand will ein Wiedersehen
das nächste Mal so schwörst du dir
wirst du mal gehen!

Ausweg

ein verlassenes Leben
sucht nach Tränen
will sich im Spiegel
endlich wiedersehen
Liebe auf dem Korridor
Lachfalten gibt's da nicht mehr
die Seele sucht den Ausweg
verbrüdern will sie sich
nach Hause kommen können
wer will das nicht

Nicht allein

Niemanden vertrauen
ein ganzes Leben lang
Gossenleben-Drang

und trotzdem
kann man stark sein

Du gehst

Und zwar schön gerade
du gehst nie krumm
weshalb auch
und warum

Muss sein

Gedanken schmieden
und ihre Pläne siegen
immer wieder
gegen das Gefühl
allein zu sein

Momente eben

Ein Leben im Schweigen

Ein Leben lässt leiden
so ein Leben wirft fort
lebt fast an jedem Ort
wurde selber weggeworfen
und schweigt nun
es ist verdorben
HOFFNUNGSLOS

Verrückt

Neutronen grüßen mich
denn ich bin auch nicht ich
doch habe viel gelernt
was ich nicht lernen wollte
So viel zum ich

Stromlos

Die Wand
sie steht
die Fahne weht
die Schranke zu
doch wo bist du?
Du sitzt dahinter
und fühlst dich
wie im Winter

Mit dem Veto

mich davon bitte
zu befreien
steh ich wie immer
ziemlich allein
die gesprochenen Worte
in meinem Leben
kann man gut zählen
auch die Taten verraten
da ist jemand ziemlich allein
trotzdem ist da so viel Fantasie
lebt grenzenlos in ihren Schranken
aber wie immer allein
eine völlig neue Welt
nach all den Jahren
aber immer noch
so unverstanden
und deshalb
ganz schön allein

das ist
was zählt
ALLEIN
ist meine Welt

Vorgaben

Die Messlatte klebt immer nur an dir
macht Leben damit furchtbar schwer
Mitgedacht hat früher Spaß gemacht
das funktioniert nicht mehr
sich vermessen und immer wieder
den eigenen Spaß vergessen
ist heute angemessen

Im Sinn

Dich reitet
der Teufel
ohne Zweifel
jag(s)t dich
durch die Zeit
Einsamkeit

Einsames Leben

Jahrzehnte hat die Einsamkeit
an ihren Nähten genäht
Stich für Stich sorgfältig
und manche doppelt vernäht
ein warmes Nest gebaut
es ist so vertraut
kraftvoll herrschen hier
ganz starke Gedanken
gäbe es nicht die Ausnahme
die wohl jeder irgendwann spürt

und da wünscht sich
selbst die Einsamkeit
mal Flügel

Namenlos

Zurückgefallen
in das Etui der Stille
leuchtet Frieden
durch die Zeit
doch bettet sich
in Einsamkeit

ege

DU kennst so viele Leute
die so tun
als mögen sie dich nicht

Ist das ein Grund
das deine Welt zerbricht
und selbst wenn sie es tut
es wird dadurch nicht besser
es wird dadurch nicht gut
eher wird es schlechter

darum gehe einfach weiter
finde deinen Mut

Schwebend

In der Einsamkeit
sich selbst erlebend
auch wenn mal ein Schritt
nach draußen tritt
doch nur in Einsamkeit
leuchtet dieses Licht
das nichts verspricht
sondern einfach da ist
und so sehr hofft
dass du es nicht vergisst

Ein + sam

Eines Tages
ging es der Einsamkeit zu weit
auch sie wollte mal erleben
vertrauensvoll nach Freundschaft streben
und sich nicht fürchten müssen
Freunde haben
die mit ihr denken
vielleicht auch herzlich lachen
Bunte Bilder steigen auf in ihrem Kopf
zerbeißen jede ihrer Regeln
Seitdem ist viel passiert
und wieder mal hat sie kapiert
Einsam geht
Gemeinsam irgendwann davon
viel investiert
doch so leer jetzt das Gehirn
ist sie soweit
bereit für jede Menge Einsamkeit
was war das doch so schön

Altertum

Middle age

Alles Gute

Das Alter macht uns weich
man ist entspannt und lacht auch viel
so viele sah man gehen
tagtäglich der Gedanke
kannst nur am Grabe stehen

Das Alter macht uns reich
und endlich ist es so normal
dass man mehr fühlt als die andern
Die Hilfe die du gabst und gibst
wird irgendwann Legende

Das Alter macht uns schön
auch ohne Lippenstift
und Sonnenbrille
Du bist *leicht alt*
und auch
*fast*weise

auf gute Weiterreise

Heilung an sich

Alter
vor Schönheit
die bittere Pille
Werbung für ewige Pfirsichhaut
nur 100 Euro der Tiegel
du schmierst es auf
klopfst am Doppelkinn
hofft vergebens
Unsinn

Im Vergessen

Leer läuft das Hirn
so kalt ist deine Haut
der Blick verschwimmt
du bist nicht tot
wie böse Zungen sagen
du bist nur alt

Die Geschichte
der alten Organe

Altern ist Normalität. Vor Beleidigung und Be-
schimpfung wird daher abgeraten. Auch alte
Organe leben sehr gerne, haben Spaß daran
und fühlen sich zeitlos. Wer sie verlacht, hat
spätestens in ein paar Jahren ein Problem.
Hängt dann ein Handtuch vor dem Spiegel,
oder verdeckt ein blickdichtes Ganzkörper-
kondom den *eigenen* Anblick? Was für ein
armer Mensch, der so denkt.

Im Einklang mit sich selbst. Würde ist auch ein
schönes Wort, Achtung und Anstand ebenso.
Wer so denkt, dessen Organe haben gut lachen
und spielen *verrückt* - bis ins hohe Alter hin-
ein.

Grenzenlos

Vom Gesetz her ist sie alt
doch tanzt noch durch den Lebenswald
die Grenze sah noch nie in ihr Gesicht
sie kennt das *AltSein* deshalb nicht

Am Roulettetisch

Das ganze Leben
mutiert irgendwann
zu einem Spiel
doch mancher meint
er kann für immer
und weiß so viel
Na dann
Viel Spaß beim Spiel

Rien ne va Plus – Lebensziel

Vorm Spiegel

Da lacht die Alte
und bügelt wieder
eine Falte
aus dem
zerknitternden
Gesicht
denkt dabei
an alle Vorurteile
doch ihr Humor
hat Spaß und die
Gedankenblumen
bunt wie nie
voll Fantasie
tragen noch lange
niemals Faltenröcke

wer sagte eigentlich
sie sei SENIL

Stationen

Die Welt wird plötzlich still
macht wieder was sie will

Gedanken können schlafen
liegen festgemacht am Hafen

im Nirgendwo und Irgendwo
Zeit haben um abzuschalten

der Motor wurde ausgebaut
sie schaukeln selbstvergessen

brauchen sich nicht mehr zu messen
alt und selig leben sie jetzt aufgebraucht

wobei das *selig* auch schon mal
durch Schatten schaut

Im Gespräch

Kleine Menschen große Herzen
sehen staunend fassen nicht
große Augen freudestrahlend
bis irgendwann all das zerbricht

Große Menschen im Herz zerrissen
sehend blind verzweifeln an sich
kleine Augen auch mal leidgequält
doch so ganz stimmt das jetzt nicht

wir haben nur sehr viel erlebt
und werden einfach alt

Hüllenkleider

Verlorene Kinder
suchen Hoffnungsschimmer
wollen Leben
suchen im Wesen

verlorene Rentner
suchen im Alter
können nicht anders
müssen gottergeben
Demenz erleben
Alzheimer ertragen

nach gelebtem Leben
kein Wissen mehr
nur noch Erinnerung
suchen nicht mehr

sind gewesen

Passend gemacht

Im Rückblick
einen Lebenssinn zu finden
wenn deine Haare grau
und deine Falten alt
sind auch Worte
sehr geduldig
lügen mit und
sagen alles falsch

bitterböse
reicht jetzt
noch eine Runde
die originalen
„*Werthers Echte*"
wahrheitsreich

Sperrbezirk

Launen greifen mürrisch
nach gereichtem Brot
kauen lustlos
ihr Land ist tot
lahmgelegt und wesensfremd
und niemand da
der sie noch kennt
Tabletten liegen
neben jedem Essen
helfen
Alarmgebiete zu vergessen

dicht gemacht

Am Morgen

Der Morgen

Er wirkt wie gemalt
im Dunst des Nebels
nur ein Hauch im Leben
und mittags schon vorbei
so ist das eben

Verschlafen

Der Morgen ist verschreckt
niemand hat ihn geweckt
der Kaffee der fällt aus
er muss jetzt sofort raus
die Zeit sie läuft und hetzt
an ihm vorbei und ist entsetzt
hat ebenfalls verschlafen

Guten

Der Morgen schenkt Erinnerung
die Gegenwart schreibt neu
hat endlich wieder Stifte
ein Lächeln zieht vorbei

Sonnentage

der Morgen setzt sich zu dem Grauen
wollen kurz noch in die Zeitung schauen
die Nacht packt übermüdet ein
und schleicht ganz langsam heim
Sonne eilt herbei und trägt mal wieder gelb
ist ja Berufskleidung und wird gestellt
der Regen - er ist krank hat er gemailt
die Sonne seufzt - hat doch so viel bestellt
heut' wieder kein Schlechtwettergeld

Aufgewacht

Fliegende Zeilen am Morgen
und so ehrlich in Worten
Gold liegt an manchen Orten

Früh

Der Schrei der Eule
noch ist es Nacht
runde Augen sonderbar
verwischen Trägheit
und Morgen erwacht

Kaffeepause

Der Nebel hängt
zwischen Gedanken
und Tautropfen stimmen
an ihr Morgenlied
mit kostbarsten Kristallen
die jedoch nach dem Erschallen
im Nirgendwo verschwinden
laden ein zur Kaffeepause
schön dass es euch alle gibt

Guten Morgen

Kaffee steht am Bett
der Morgen knurrt dich an
und du tust so als ob
irgendjemand etwas dafür kann

Verschlafen

Der Morgen rüttelt an dem Licht
verdammt noch mal so geht das nicht
auch wenn heute Sonntag ist
du musst doch trotzdem auf die Schicht

Und

Der Morgen winkt
der Kaffee singt
ein Toast er springt
und du willst Wasser haben
darin in Unschuld baden

Voll im Mond

der Morgen quält sich durch die Nacht
hat ihr gerade Kaffee gemacht
warum soll sie schlafen
er will nicht alleine warten

Angst

Mitleid?

neee

... never !!!

Angst
macht krank
werden wir immun
sehn wir
wie sie wegläuft
die arme kranke Angst

Falscher Freund

Die Angst
sie steht vor dir
umarmt dich heftig
zurückgekehrt ist sie
nach all den Jahren
der Tür verwiesen,
weinte damals schrecklich
schwor Rache und
lächelt heute deshalb
falsch in dein Gesicht

fest umschlugen hält sie dich
und heuchelt frohes Wiedersehen
„Du hast jetzt nur noch mich
schau mich an, dort siehst du dich

ich bin du und du bist ich
komm' nimm meine Hand
lass uns gemeinsam weitergehen"

Unvorstellbar

Stumme Worte
verfangen im Geflecht
werden sich nicht trauen
sterben lieber im Geheimen
Gedanken fangen
haben sie verlernt
stur nach vorne schauen
im Lebenskarussell verletzt
Gefühle wurden weggeätzt
haltlos ziellos durch den Tag
hängt alles nun am Nagel
leblos leben - dafür aber unverletzt

Lass mich

Der Anspruch an sich selbst
verhallt im Dauerklagen
selbst unberührter Morgentau
wagt nicht Hallo zu sagen

Freundschaft und Verstehen

Da gibt man alles
doch du überschüttest es
mit deiner Angst
ich kenne sie
lebt sie doch auch
in meinem Verstand

Gefühlt

Ich spüre diese Angst
die dir den Atem nimmt
das will ich nicht
das bin nicht ich
und habe Angst
dass es zerbricht

enn

Gedanken brechen
und sich ergeben
wenn

der Schrei der Seele
halt durchs Ohr
zitternd schlägt das Herz
hält nur die Hand davor
wenn

da zeigt das Leben
seine wahre Macht
und was es kann
und wer es ist
und wieder mal
mit Meisterstück

Zukunft in ANGST

doch manchmal wird auch alles gut ♥

Ohne mich

Mit deiner Feigheit
hast du Gedanken vergiftet
Unfrieden gestiftet
dein Umfeld gelähmt.
für dich ist nur wichtig
dein Name bleibt unerwähnt

Das ist meine Welt

Die habe ich mir aufgestellt
und wenn deine Angst
dich in die Knie zwingt
kommst du hierher
willst Macht und Stärke fühlen
des Menschen Weg
geht seltsam
nicht nur manchmal
doch gibt es immer jemand
der all' das sieht
und auch versteht
nicht immer bis zum Schluss
doch das ist auch kein Muss

dafür gibt es Wörter wie
streckenweise und
vorübergehend
oder auch Jahrzehnt

Demut

Demut

Die Demut ist gegangen
zurückgeblieben ist die Angst

Angst vor Sorgen
Angst vor Morgen
Angst vor Pflichten
Angst vor Freude
Angst sich zu vergeuden
Angst sich zu weit hinauszuwagen
ängstlich auf den Körper hören
Angst im Nacken
Angst in den Gedanken
ängstlich reden
ängstlich schweigen
ängstlich leiden

ein Leben voller Traurigkeit und Demut
doch voller Wurzeln
und tiefgreifender Gedanken
Da war zwar alles schwer
dennoch leicht zu tragen

Dagegen

Ein Leben voller Angst
legt sich aufs Tablett und
lässt dich täglich anders tanzen

jetzt heißt es
Selbstvertrauen wiederfinden

und wenn du schreibst
kannst du auch sprechen ... 🙂

Demut

Ohnmacht

Demut heißt nicht "ohne" Macht
mit Demut kannst du aufrecht gehen
und sehr gut in den Spiegel sehen

Zeitmaß

Die Zeit
sie kommt
sie schleicht
sie rast
Hoffentlich
bist du auch
darauf eingestellt

Du musst nicht aber kannst

Im Geruch der duftenden Erde
kannst du versinken
und im Morgengrauen
kannst du ertrinken
wenn du das schaffst
gibt dir das so viel Kraft
den Regenbogen kannst du malen
und wenn du ihn siehst
kannst ihn dann fragen
warum es ihn gibt
Er wird lächeln und sagen:
Wer mich sieht der liebt
nicht nur das Leben
sondern erkennt
was um ihn herum
sich Gegenwart nennt

Erdig

Irgendwann

Der Tod er naht
wie auch der Winter kommt
Leise und behutsam
glitzert totenstill
die Macht durch alles Sein
Im Angesicht des Todes
bereitet er sein Tuch
und nimmt dich mit
und hüllt dich ein

Gehen

Gesicht des Todes
niemand will dich sehen
für einen Moment noch
spricht die Zeit
dann ist es soweit
und du darfst gehen

ERLÖSUNG

In Frage

Wenn der süße Duft des Todes
in dein Bewusstsein dringt
und du nicht weiß
ob du erstickst oder ertrinkst
ob du dann fühlst es geht vorbei
und wie der Strohhalm mit dir sinkt

Niemand weiß

Wann schmilzt das Eis
wo geht die Liebe hin
wann hat das Leben Sinn
niemand weiß
wo wollen wir hin
und werden sein
irgendwann
und dann

Wege kreuz und quer

Auch der Schatten kennt den Weg
die Kapuze im Gesicht
versteckt er sich
lässt dich gewähren
läuft oft an dir vorbei
doch du
du siehst ihn nicht

Zwingt er dich
ihn anzusehen
ist es soweit
er nimmt dich mit

Auf unbekannten Wegen
geht er dir nun voran
der Schatten führt ins Licht

Erdig

Im Duft der Erde
ruhst du still
verhallen alle Klänge
und jedes Wort
es ist verstummt
bedeckt von Erde
Beerdigung

Liste deines Lebens

Stetig steigst du
auf in ihr
siehst dabei
viele andere gehen
doch fühlst du dabei auch
den eigenen Lebenslauf

Gegenüber

Der Tod geht um
er dreht dich rum
schaut tief in dein Gesicht
vergewissert sich
das du auch der
die Richtige bist
ob er dabei auch lacht
wer hat schon darüber nachgedacht

Im Vergessen

Die Zeit entwickelt sich
und Schritt für Schritt
läufst täglich du mit ihr
watest immer tiefer mit
in diesem Lebenselixier
bis du irgendwann versinkst
und darin ertrinkst
das war`s – hoffentlich
hattest du auch manchmal Spaß

Der Tod

Er hat das letzte Wort
und spricht durch Taten
versteinert stehen alle nur
doch Tod streicht still
durch diese Reihen
und Tage Wochen
Jahre oder nie
dauert es bis manche
ihn vergessen

Herr Tod kann nicht
so lange warten
sein Job ist einzigartig
er macht ihn ganz allein
gemieden fühlt er sich
denn niemand
öffnet ihm die Tür
und bittet ihn herein

Auch heute sitzt er
wieder in der Loge
die Welt hat mal kapiert
und feiert später
was zu feiern ist

Ein Mensch ist zwar gegangen
doch lässt er so viel hier
denn jeder der gelebt
hinterlässt immer etwas hier

Ein Erbe
ein Andenken
gut das es dich gab
ich habe viel von dir gelernt
egal wie alt du warst

Der Tod
er kann ja nichts dafür

Unbedingt leben

Ich weiß nicht
ob ich das will
aber muss es wohl
kann ja nicht *gehen*
das geht gar nicht
denn damit könnt ich
nicht leben

im Nachruf

Er & Sie

ANGEKOMMEN

„Gestern noch
liebtest du mich"
schreit Er

Sie:
„Das sagte ich so
um dir nicht weh zu tun"

„Heute liebst du
mich nicht mehr"
weint Er

Sie:
„Das sage ich so
um mir nicht mehr
weh zu tun"

Abgeschaltet

Schnapp dir die Muschel
auch die schnappt gleich zu
Gib dir ne Auszeit
in dieser Muschel
denn die ist jetzt zu

Spät

Wenn die Achtung
voreinander geht
und man noch
nicht mal hört
wie sie die Tür
zuschlägt

Liebe

Keine Ahnung
wie es weitergeht.
Wer hätte das gedacht
doch ist es nie zu spät
sich aufzuraffen
um neue Wege
einzuschlagen
Hier stehe ich
bei dir so krank
und trotzdem glücklich
Der Weg er geht
fragt uns nicht mehr

Wir wurden uns geschenkt

Verloren

Schweigen
stumme Schreie
nie was gesagt
auf deinen einsamen langen
Wegen

DU

Du dachtest
ich denke mit dir
du fühltest
ich fühle mit dir
du weintest
ich weine mit dir
du denkst irgendwann
ich weine wegen dir
seitdem fühle ich mich
total beschissen
und weine denke und fühle
nicht mehr mit dir

Pessimist — so ein Mist

„Du bist immer so pessimistisch"
sagt er zu ihr
da kann sie noch nicht mal lachen
*„*ohne Hoffnung* sieht doch anders aus"*
denkt sie
und vermisst den Sand
der noch nie da war
um den Kopf hinein zu stecken.
„so sähe dass dann aus"
würde sie zu ihm sagen

Muschelzeit

Ihr Mann will ans Meer
Wellen rauschen an sein Ohr
Gedanken kippen

Für dich ♥

Wünsche versetzen Berge
Ideen brauchen Raum
Du und ich – wir haben uns
Beginnen wir auf dieser Ebene
und finden diesen Raum

Manchmal wird mir etwas Angst,
doch dann denke ich an dich und
selbst die Angst muss dann lächeln

Unromantisch

Sie mag keine abgeschnittenen Blumen
sieht sie lieber im Garten stehen
möchte gerne mal auf einem Hausboot kochen
anstatt romantisch am See zu gehen

Ballast

Sie ist ein Klotz
an seinem Bein
sitzt nur am Meer
doch er
fährt kilometerweit
daran vorbei

Fahrrad fährt er
fühlt sich frei
im Wind am Meer
und wünscht
sie träumt
auf ihrem Stein
am Meer
von Freiheit
und
fühlt sich
hoffentlich
wohl dabei

Farbkleckse

Die Zweisamkeit blüht
du hast dich so verändert
bunt im tristen Grau

Moment mal

Das Weib wäscht ihren Leib
der Mann uriniert daneben
ein Wolf er knurrt im Magen
das Herz es schmerzt so sehr
geht mit der Angst flanieren
der Schweiß er fließt in Strömen
Angst kann nicht urinieren

Momente eines Lebens

Im Schwarzwald

Mit dem Fahrrad
in den Wald
Hügelauf und Hügelab
die Natur bereisen
S-Bahn Nr. 4
trägt dich
am Abend wieder heim
und ich wäre nicht allein
die Fahrradkarten
liegen auf dem Tisch
du freust dich
hoffentlich
kommst du
auch wirklich mit

du freust dich
und ich liebe dich

Alles gut

Sie stinkt nach Fisch
er riecht es nicht
ihr fettes Haar
er lässt es zart
durch seine Finger gleiten
zahnlos ihr Mund
er küsst ihn wund

so ist die Liebe
wenn sie spricht

Für immer

Zusammen im Regen stehen
gemeinsam den Weg begehen
auch mal die Sonne genießen
einander stützen und halten
und sich dabei fast immer verstehen

Punkt

Im Datenschutz
des Laternenlichts
klagen verwesend
die Gedanken
Trauer regt sich
bis sie bricht
das Wort im Schwall
und ohne Schranken
fließt ätzend durch
verweinte Straßen

Unberührbar

Soll ich dich
mir aus den Rippen schneiden
oder dich aus meinem Herzen reißen
das schaffe ich nicht
und doch begehre ich dich nicht
trotzdem bist du mir so nah
wie mir noch niemals jemand war

Männergespräche

Du nimmst andere mit in dein Bild
willst dich auch mal so spiegeln
geht es dabei um mich drehe ich durch
betanze die Stelle und mache die Welle
lass das auf keinen Fall zu

Keine Schnitte hast du - du Armer
die schmiere ich dir abends
und wehe du guckst nochmal so

Kennengelernt

Hast du mich
da konnte ich noch Spagat
nun trage ich XXL Format
anstatt mich mit dir zu entfalten
hab ich mich gut verpackt
nun gut das gibt auch keine Falten
zumindest **das** ist Fakt

Ohne Worte

Rede ich Spanisch
oder mache dich nur wahnsinnig

Dabei müsste ich doch
nur *sprachlos* lernen können

Die Luft ist raus

Zusammengefallen wie ein Kartenhaus
unelegant dahingestreckt liegt alles so
wie wenn man dich morgens weckt
der Langzeitwert bringt es ans Licht
so siehst du in der Echtzeit aus
doch wer dich liebt der sieht das nicht
schaut zärtlich hinter dein Gesicht
und streichelt deine Seele

Mit der Zeit

Du frierst mich ein
du taust mich auf
du lässt mich fallen
du fängst mich auf
du stellst mich weg
du holst mich raus
du wirst mich fort
du hebst mich auf

ich gebe
dich nicht auf
doch verlass
dich nicht darauf

Du

Dein Lächeln umarmt mich und meine Welt
deine Liebe tropft in meine Seele
die Füße können nicht mehr weg von dir
noch nicht mal in Gedanken

Du + Ich

Stimmig
Wie ein Gedicht
Oder nicht
Ganz ohne Pflicht
Und doch
Reimt es sich

Fühle

Wenn die Magie
des Moments
sich in deine
Seele brennt
und hör' gut zu
bevor du
dich verrennst

Sehnsucht

Deine Augen funkeln
sich in meine Seele
Meine Sinne drehen
sich nach dir
Gedankenwarm
blickst du zu mir
brichst lautlos meine Flügel

Unverhofft

meine Gedanken
lehnen sich
an deine Seele
und auf dem Marktplatz
der Gefühle
schauen wir uns an

Fragen

Deine Angst
macht mich
oft hoffnungslos
und Tage vergehen
im Nicht-zu-Denken
was wir wohl wären
ohne uns

Verflossen

Die Klänge deiner Worte
verhallen im Nirgendwo
und nicht nur Füße bluten
doch laufen bis zum Horizont
so blind vor Schmerz
füllen Tränen ganze Meere

Blindes Licht

SÄTZE die das AUS bedeuten
treffen dich wie Keulenschläge
Schmerzen die sich stets beklagten
konnten das schon früher sagen
doch angeblich heilt nichts mehr
als ein gut geworfener Speer

Sehend macht trotzdem blind

Deine Unfähigkeit
zum unbeschwerten Leben
hat dir in meinem Herzen
einen Platz
in der ersten Reihe verschafft
doch jetzt
muss auch ich damit gehen
denn jemanden ändern
das hat noch niemand geschafft

Für dich

Deine Meinung ist mir wichtig
darum höre ich dir gerne zu
deine Bilder male ich gerne weiter
oft nimmst du auch meine Farben mit dazu
so webt sich Jahr um Jahr Gemeinsamkeit
ich brauche dich als Seelenkleid

Schon

Dein warmer Blick
macht mich verrückt
vergessen sind
die grauen Haare
und auch die vielen
einsamen Jahre
du bist das Ziel
ich weiß es jetzt
denn bereits
dein erster Blick
hat mich besetzt 😊

Klarer Blick

Durchsichtig im Hemd
stehst du so verklemmt
schaust aber nicht unter dich
und deshalb mag ich dich

Wahrnehmungen

Die Liebe die in deinem Leben lebt
sie hat sich ganz allein dorthin gesät
beschütze pflege nähre sie
denn es wäre schlimm
wenn so ein kostbares Geschenk
irgendwann aus deinem Leben ging

Kleiner Tod

Es klappt die Tür noch in der Nacht
erschreckt dein Blick sie lauert schon
Sekunde des Verstehens
gedemütigt erschlägst du Kissen
musst dir dabei gestehen
wieder mal kein *gut* und *schön*
niemand will ein Wiedersehen
Das nächste Mal so schwörst du dir
wirst du mal gehen

Feiertage

Ein Tag - ein Jahr

Karneval – heute ist alles erlaubt
beim Schreiben übrigens auch
und in der Liebe sowieso
...also
eine Rose für die Liebe
einen Montag für den Zug
und einen Schlitten für die Freiheit
zumindest mal auf dem Papier

Alterauge

Das Blinzeln im Auge
eines alten Mädchens
bleibt nicht vergebens
Er sitzt am Nebentisch
dreht sich um – niemand da
"sie meint wirklich mich"
und schaut angetan zurück
Doch nicht so in diesem Jahr
heute schaut man erst
durch eine Polizistenschar
(Köln 2016)

Frohe Ostern

Aus dem Regenwald
in Gummistiefeln
statt im Osterkleid

Such-Tage

Nicht nur Kinderaugen
suchen nach Verstecktem
doch selbst an Ostertagen
lässt sich niemand gerne
in die Karten schauen

Im Vergessen

Der Osterhase malt die Eier an
fragt seine Familie dann und wann
nach dem eigentlichen Sinn der Ostertage
„Wir feiern Wiederauferstehungsfest"
erklärt ganz stolz der Max
als kleinster Hasenmann
„nach Jesu Christus Kreuzigungsgang"
„Gut aufgepasst" lobt Vater Hase
nun den kleinen Mann
„da weist du mehr
als manches Menschenkind
das heute nur Geschenke nimmt"
und malt weiter seine Eier an

Der Mai

Ab heute hat er nicht mehr frei
und nur noch 30 Tage Zeit
das schönste Grün zu finden
Blumenmeere zu befreien
Wege kehren Sonne putzen
gute Laune zu verschenken
doch das Schlimmste ist
die Menschheit feiert schon
dabei hat ER noch nichts erreicht

Muttertag

Schnitt-Blumen-Tag
Frühstück am Bett
heute ist alles nett
morgen musst du wieder ran
364 Tage erwarten dich
in deiner Dauerschicht

Das Mädchen

Früh am Morgen auf die Wiese geht
es bricht den Zweig vom Apfelbaum
und sammelt Zahn vom Löwen ein
für Blumengänse ist es noch zu früh
im Schaum der Wiese wächst das Kraut
schau das Gesteck wie gut das schaut
kleine Hände bilden jetzt ein Blumennest
das wird ein schönes Muttertagsfest

Tage
die man
würdig feiern muss
den Muttertag im Überfluss
KAUFEN

Abgelehnt

Die Mutter so stumm
ihre Augen kalt und leer
schauen dich nicht an

Advent Advent

Besinnlichkeit verschenkt
zum Ersten –Zwoten – Dritten
durch alle Einkaufsmeilen geritten
am Vierten ist sie wieder da
fährt jetzt LKW so wunderbar
Geschenke alle lieferbar

So bunt

Das ganze Jahr
Natur viel Farbe streut
und jetzt im Winter
meiner Lieblingszeit
macht Weihnachten
die schöne graue
weite Einsamkeit
zur Narrenzeit

Noch bunter

Da ist sie wieder
diese kitschig bunte Zeit
eigentlich haben wir ja Winter
und der ist immer herrlich weiß
auch mal grau bis dunkel
aber immer Ton in Ton

doch wird
der Weihnachtsmann herausgezerrt
läuft der Countdown dann schon
kommt dir auf Rolltreppen entgegen
der kitschig bunte Weihnachtsregen
Lila blassblau Rot und sogar Schwarz
der Weihnachtschmuck der hat's
halt mit der Farbenwelt
tut einfach nur den Augen weh

besinnlich Grüße
aus dem Bunten
wünscht die
Weihnachtsmeisterei

Irrsinnige Besinnlichkeit

10.00 Uhr morgens Stau vorm Parkhaus
acht Plätze sind noch frei von tausend
es wird gehupt gedrängelt und geschimpft
die Augen wild den Hals verrenkt
durch offene Wagenscheiben wild lamentiert
Zwei Tage vor *den Tagen*
im Zeitdruck dreht halt mancher durch
das Auto steht ein Parkplatz ist erzwungen
und du schon einmal durchgedreht
per Schweinsgalopp durch die Etagen
der weihnachtlich bestrahlten Einkaufswelt
warum kannst du denn bloß nicht fliegen
dein Wunsch er wird sogleich erfüllt
denn im Gerenne dieser Menschenmenge
wird gnadenlos herumgeschubst
du strauchelst fühlst schmerzhaft
deinen eigenen Fall
man hilft dir auf
doch jeder muss gleich weiter
du sammelst dich - ist nix passiert -
und hast kapiert
MAN KANN AUCH HEUTE LANGSAM LAUFEN

Brauch nix

Unter dem Weihnachtsbaum
liegt nichts
wozu denn auch
2013 war in Spenderlaune
und schenkte
eine neue Sprache
ein anderes Gesicht
mehr Zeit für mich
und neue Freunde
mehr geht doch nicht

Frohe Weihnachten

Der Teufel trägt
das schönste Gesicht
vergiss das nicht
teuflisch gut
teuflisch schön
jeder verkauft sich
so gut er kann
hinterher wird man
dann sehen

Frohe Feiertage

Glückseligkeit sitzt völlig breit
mit Harmonie am Frühstückstisch
Besinnlichkeit gibt Kaffee aus
sie müssen gleich zur Schicht

Die Einsamkeit am Nebentisch
hält sich die Zeitung vors Gesicht
sie hat die ganze Nacht geweint

Zum Jahresgewechsel

Zeit
läuft fort
wechselt ihren Ort
aus Zukunft wird Vergangenheit
Jahreswechsel

Bald
schreiben wir
die neue Zahl
wir haben keine Wahl
Zeitläufe

Das
Jahr leuchtet
in den letzten Farben
vernarbt sind unsere Narben
NIEMALS

Die
Angst gerettet
darf wieder mit
in das neue Jahr
Stimmungsmache

Der
letzte Schreck
Böller aus Polen
die mit der Sprengkraft
verboten

Prost Neujahr

Ein paar Tage heißt es jetzt
im schönsten Freistil schwimmen
auf schlanken Vorsatzwellen
durch eigene Bilderrätsel treiben
da sehen wir uns heute
doch in den Gedanken
erstrahlen wir schon morgen
der Stift will alle Fehler finden
er unterschreibt im Fitnessstudio
liest ab sofort die Zeitschrift
„der gesunde, schlanke Mensch"
und will und hofft und sehnt
träumt in den Vorsatzwellen
von seinem neuen Bild
da wird man keine Fehler
mehr dann finden

Na dann man los - mal sehen
wann die ersten Wellen wieder brechen

Willkommen Neues Jahr

Die Zeit sie fliegt
sie rast und rennt
als hätte sie
irgendwas verpennt
Dezemberwahn
fühlt sie
noch in den Knochen
wie jedes Jahr
ein harter Brocken
Dabei strahlt
das Neue Jahr
liegt blank
und unbeschrieben
und schält sich
wie ein Küken
aus eierfarbenem
Geschenkpapier

Frohes neues Jahr

Der
gute Vorsatz
heut in weiß
stapft mit ins neue
Jahr

Die
Beine brechen
wird er sich
wie in jedem Jahr
BESTIMMT

Zum Letzten

Durch so viel Licht kamst du gekrochen
und hast doch nichts gesehen
verendend liegst du jetzt im Staub
das Leben setzt sich obenauf
um Mitternacht darfst du dann gehen
auf Nimmerwiedersehen
2016

Klirrend kalt die Nacht

Was hat das so gekracht
Silvesternacht
der Morgen steifgefroren
sich nicht bewegen mag
ist ja noch Feiertag

Los geht's

Unschuldig und ganz in weiß
das Neue Jahr fegt übers Eis
weiß nicht das man fallen kann
Erfahrungen kommen irgendwann

Guten Rutsch 2018

Ganz NEU
so FRISCH
noch UNGEWASCHEN
das NEUE JAHR
jetzt bald zum ANFASSEN

Die Endlos-Story

Da sind wir wieder
das Herz unendlich
fühlt so grenzenlos
sieht mal noch weit
alles wirkt leicht
beruhigt der Atem
in der Seele
wiegt gleichmäßig
Vorsatz und Gefühle
Es ist so weit
ist an der Zeit
Neujahrsbereit

Freiheit

Frei nach neun

Schau weit
durch alle Zeit
so klar der Blick
Vollkommenheit

Wer spricht hier von der Freiheit

Die musste wieder weg
sie kennt viel bessere Plätze
durchs Nadelöhr musst ja nur du
und niemand schaut dir dabei zu

Authentisch sein

Wer sich traut
auch mal
unmögliches raushaut
wer sich
zum Horizont träumt
dabei den Keller aufräumt
wer sich nimmt
so wie ist
auch andere nicht vergisst
wer sich liebt
bleibt wer er ist
HOFFENTLICH*st*

Unbequem

Unbequem haut auf den Tisch
schaut dem Gehorsam ins Gesicht
Unbequem kratzt sich am Sack
Unbequem gibt auch mal Lack
ist oft so furchtbar laut
zeigt dem Gehorsam
was er sich nicht traut

Unbequem hat wenig Freunde
Gehorsam füllt damit ganze Räume
doch Unbequem kann gerade gehen
muss sich für gar nichts schämen
höchstens für sein „Unbequem"

Sternstunden

Irgendwas passiert
ja immer
aber manchmal
fühlt es sich
sehr richtig
und auch
gut an
Das sind die
sogenannten
Sternstunden

Verleihen dir Flügel
und wollen sie
noch nicht mal
wiederhaben

Freundschaft

Brückenbauer

Manchmal braucht es Zeit
Dinge überblicken zu können
um zu erkennen
alles musste genauso sein
nur deshalb war man nie allein
die Luft zum Atmen war zu dünn
die Einsamkeit lief Streife
das Hirn vernebelt
bei manchem voller Trauer
bei anderen
erstickt im Pflichtgefühl

Alles falsch – verkehrt gemacht?
NEIN

es gibt ja Brückenbauer
doch Brücken bauen
braucht auch seine Zeit

Freundschafts(be)griffe

Eine Hand
die nach
deiner Seele greift
ist nicht immer dein
Freund

Achte darauf
was diese Hand dir zurückgibt

Schweigen und Silber

Wer schweigt
regiert die eigene Welt
wer spricht
kann nur gewinnen
selbst wenn er verliert

Zu dir und zum Nächsten

Es gibt keine Schuld
und doch regiert sie das Leben
Alles was wir erleben
erschaffen wir selbst

Aber es gibt Liebe
zu dir und zum Nächsten
und aus lauter Liebe
trägt die Liebe
die Schuld
die es ja gar nicht gibt
für dich
ein Stück weit mit

Was ich dir schon immer
einmal sagen wollte

Du und ich

Was für ein Glück.
Mehr als ein halbes Leben
schon zusammen
Der Anfang so verrückt
Getarnt in hohen Schuhen
suchten wir uns selbst
du warst mal laut
ich auch mal leise
und später dann
auch umgekehrt
doch hielten wir uns
immer an den Händen
und haben so gemeinsam
viel durchlebt
du hast gelacht
ich hab geweint
und später dann
auch umgekehrt
so danke ich dir heute
für die beste Freundschaft
dieser Welt

Mein Freund

Jahrzehnte kennen wir uns schon
Der Bruch so blöd passiert
war irgendwann kein Thema mehr
Da gab es keine Naht
wir waren wieder wir

ich danke dir dafür
mein Freund

An jedem neuen Tag

An jedem neuen Tag
begleitet dich die Freundschaft
Was wenn sie laut wird
Dann spricht die Wahrheit macht sich Luft
und wird gleich wieder still
An jedem neuen Tag
begleitet dich die Freundschaf

Für dich

Lachen
und Weinen
bist immer dabei
dein Stuhl neben meinen
DANKE

Im Miteinander

treffen wir uns
auf der Straße des Lebens
und gehen nur scheinbar
aneinander vorbei

Mit den Augen der Freundschaft

Du gibst
mir das Gefühl
so zu sein
wie ich schon
immer sein wollte

Die fixe Idee

Was verbindet eigentlich Freundschaft

ein gemeinsames Hobby
ein gemeinsames Leid
ein gemeinsames Licht
oder nur eine fixe Idee

egal Hauptsache es bindet

Vergebliches

Allein der Gedanke
dich nicht mehr verstehen
zu wollen
macht auf der Stelle
todunglücklich

Stopper

Die Tür nach nebenan
war stets verschlossen
doch dann kamst du
und seitdem geht sie
nicht mehr zu

Cheerleader

Gedanken
die dich weiterschubsen
in dunkle Tunnel
Lichter stellen
an schwere Zeiten
Gasballone heften
schon morgens mit
beim Frühstück sitzen
und dich den ganzen
Tag beschützen
so positiv sind sie

Im Spiegel

Wir sind
wie wir sind
und wir
sind so gut
sind wie ganz

Für immer

Zusammen im Regen stehen
gemeinsam den Weg begehen
auch mal die Sonne genießen
einander stützen und halten
und sich dabei fast immer verstehen

Verstehen

Da ist so viel Größe
Freiheit und Weisheit
du willst sie umarmen
doch deine Arme reichen nicht

Überredet

Trost und Zuspruch finden
in den schlimmsten
Stationen deines Lebens
Freunde eben

Na und

Die ausgestreckte Hand
hat sich schon oft verbrannt
aber lieber mal 'ne Salbe kaufen
als allein durchs Leben laufen
verbittert und zurückgezogen
ist Menschsein dort verboten

Freundschaft

Ist unglaublich wichtig
Es gibt aber auch unglaubliche Freundschaften

Alter Freund - ganz neu

Freundschaft steht zusammen
im lichten Feld getrennt
Freundschaft wächst zusammen
wenn man sie hält
Freundschaft geht zusammen
wenn man es will
aber auch in der Freundschaft
braucht jeder mal den eigenen Weg

Nachgefragt

hast
du Lust
an meiner Seite
einen kranken Weg zu
gehen

Freunde fürs Leben
brauchen keine Gebrauchsanweisung

Kettenfreundschaft

Schaue heute gern nach vorn
Tage leicht und unbeschwert
knüpfen an und schmieden weiter
Neue Glieder für die Kette
funkeln strahlend jetzt am Hals

Danke

Man ist gar nicht so allein
wie man immer denkt
das gibt Kraft und Mut
zum weitergehen

Gesetzmäßigkeiten

Was man vermisst
kann man nicht vergessen

Da waren es nur noch ...

Freunde
hat man nicht viele
deshalb geht man
mit ihnen
auch weite Wege

Freiheit

Der tiefe Frieden
besucht die stille Freude
sind sie doch beste Freunde

Wahrheiten

Der tiefe Frieden
besucht die stille Freude
sind doch wahre Freunde

oder dicke Freunde!?

Verrückte Welt

Du legst mich auf Eis
weil du es nicht besser weißt
Ich bin fast erfroren
habe mich aber nie verloren
und was tust du
du schaust mir zu
während ich mir begegne
und dabei merke

wie verrückt ich lebe

Zeitlos

Die Meute lacht
hat Spaß gemacht
und alles ohne Sinn
durch dick bis dünn
gehen sie
zumindest heute
Leute Leute

Glück

Leben die sich kennenlernen
und danach nie wieder trennen

Verrückt am Leben

Ein Gefühl
das man
nicht fassen kann
eine Freundschaft
voller Licht
drängt sich
durch dunkle Stunden
Gefühle lachen
ohne Hemmung
sehnsuchtslos
und Zweifel müssen
plötzlich los
fliehen förmlich
vor dem Licht
das sich noch nicht mal bricht

Besonderheiten

Reden wir
über diese Zeit
in der Unmöglichkeit
wo sich Verlorene finden
und aneinander binden
Unendlichkeit empfinden
sich dabei wiederfinden
in einem neuen Weg
sie müssen ihn nur
noch beschreiten

Nachgefragt

„Kannst du stehen?
JA – ich kann
sogar wieder gehen!"
Es gibt Menschen
die zu dir stehen
dir nicht nur deine
Beine wiedergeben
sie geben so viel mehr
Danke sehr

In aller Freundschaft

Dein Bild lebt auch
in meinem Kopf
dein Herz schlägt mit
in meiner Brust
machen wir uns
das bewusst
Freundschaft ist
und Freundschaft bleibt
Geht auch mal AUS
braucht dann viel Zeit

Ihr

Im Kummer
Herz an Herz
punktgenau
im Wolkengrau
teilt gemeinsam
jeden Schmerz

Mein Leben
ist meine Geschichte
doch was gehst du
mich an
Für alles im Leben
gibt es ein Wort
VERRÜCKT
reicht so gerade eben
Schön
dass ich dich kenne

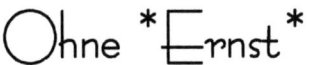

Du bist ein Miststück
wie es im Buche steht
aber du bist mein Miststück
mit dem ich so gerne leb ...

Wir

Sprechen die gleiche Sprache
mögen dieselben Blumen
wir lachen gerne
auch über ähnliche Dinge

ihr seid wie Luftholen
ihr seid Freunde

Geschenkt

Einen Freund zu finden
in diesem Leben
ist schwerer als gedacht

denn für jeden
musst du eine eigene Sprache finden
dann ist er wie für dich gemacht

doch diese Sprachen sagen alles aus
hör nur auf sie und höre wie sie lacht
hör auf ihr Denken und höre dann auf dich

deine Sprache musst du nicht jedem schenken

Sortiert

Jeder braucht einen Freund
hat zwar selten aufgeräumt
doch Freunden ist das egal
gut dass es sie gibt
gemeinsam wohnen
in der Fantasie
macht alles so real
räumt auf wie nie
auch eine schöne Welt
in der man leben kann

Ohne Worte

Freundschaft lebt vom *sein*
Freundschaft lebt ganz schlecht allein

Du + ich

Denkmuster entziffern
Kraft schöpfen
und Durchblick tauschen
Freunden lauschen

Freundschaft im Abgang

DU

Du dachtest
ich denke mit dir
du fühltest
ich fühle mit dir
du weintest
ich weine mit dir
du denkst irgendwann
ich weine wegen dir
seitdem fühle ich mich
total beschissen
und weine denke und fühle
nicht mehr mit dir

Das alte Lied

ich wollte dir etwas zeigen
was du gar nicht sehen **kannst**

aber was ich dir jetzt zeige
willst du auch nicht sehen

Konform geht anders

Wenn du denkst
dann denkst du nur
du denkst
und jeder denkt anders

Auf Biegen und Brechen

Manchmal muss ein Entwurf
auch einfach weg
man kann nicht alles korrigieren
bedenken- und gedankenlos
willst du dich fühlen
Freu(n)de haben
Leben spüren

Deshalb

Du bist so schrecklich
mir zu ähnlich 🙂

Zerbrochen

böse Zungen
stoßen mutig
aus verfaultem Mund
ein Lächeln ohne Zähne
erbrochene Gefühle
verätzend hingespuckt
der Atem stinkt
nach Hass
den jeder spürt
zu spät

D wie denken

Ich glaube
und bin
ich werde
und bleibe
FREUNDIN

Aber nicht mehr deine

Der Tag ab null

Differenziert und klar
die neue Sicht
geschehen ist
was war
und du und ich
bereuen nichts
Doch nun
werden sich
die Wege spalten
du greifst nicht mehr
zum Strohhalm
kannst dich wieder
selbst verwalten

Dein Licht

es leuchtet dir zurück
in deine Einsamkeit
kein Wort kein Blick
der Dankbarkeit
Meilensteine halt

Punkt

Im Datenschutz
des Laternenlichts
klagen verwesend
die Gedanken
Trauer regt sich
bis sie bricht
das Wort im Schwall
und ohne Schranken
fließt ätzend durch
verweinte Straßen

Es ist einfach nur eine Katastrophe

Freunde haben sich verloren
im Wert entwertet
Inflation

Angedachtes

Wie festgefahren
halten wir an Altem fest
wünschen uns
den Zauberlehrling zurück
der niemals Meister
werden wird
zumindest nicht
in
DIESEM STÜCK

und eines Tages
stehen Wind
und das Vergessen
vor der Tür
vielleicht hat
der Lehrling sie geschickt
in seiner Verzweiflung
weil es ihm nicht glückt

In aller Freundschaft

Es geht mich nichts an
wie du lebst
und auch nicht
was du erzählst
es geht mich nichts an
denn es ist deine Welt

Du hältst den Mund

Der ist schon wund
muss fest zusammenhalten
Vertrautes und Geheimes
gehst nicht kaputt
musst nur zusammenkneifen
geschmeichelt bist du
Träger des geheimen Wissens
aber irgendwann wird es zu schwer
fröhlich geht auch nicht mehr
erstickt und abgesoffen
im Tränenmeer der andern
KANNST UND WILLST
DU JETZT NICHT MEHR

Ganz sicher

Wenn Liebe und Freundschaft sich verrennen
und im Vorbeilaufen nicht mehr erkennen
hast du irgendwann verlernt sie loszulassen
die Gefühle können es selbst nicht fassen
im Strudel müssen sie ums Überleben kämpfen
doch werden nach und nach ertrinken.

Kleinkariert

und explizit
ziehen wir
jetzt in den Krieg
du zeigst mir mal
was dir nicht passt
Verkriech-dich-Tag

Ich wünsche dir

Ich wünsche dir Erleuchtung
in einem Lichtermeer
ich wünsch dir Frieden
Freude und noch viel viel mehr

Was ich dafür erwarte
gar nichts mehr
ich habe mich verändert
freundschaftlich meine ich
und leuchte jetzt nicht mehr

Bin nicht mehr LICHT
Deins war ich eh nicht

Es geht noch deutlicher

Hau endlich ab
hau endlich drauf
sag deutlich NEIN
sag
lass es endlich sein
sag
das du es nicht willst
sag
hau ab oder hau rein
sag
suche dir ein neues Opfer
in deinem
SpinnenLebenSein

Am Grad

Ich fühle mich
doch sehe dich
und spüre auch
wie du mich siehst
ich lese es
in deinem Blick

Du fühlst dich
doch siehst mich nicht
selbst das soll ich verstehen
so bist du halt
so kalt

Vor der Tür

Du winselst nach der Liebe
die ich dir nicht mehr gebe
Ich suche nach dem Ring
an dem deine Freundschaft hing
du hast ihn fortgeworfen
soweit es ging
die Freundschaft hat deshalb
unseren Raum verschlossen
es braucht ihn niemand mehr

Ohne Schnörkel

Die Blume des Vertrauens
man hat sie dir geschenkt
sie trug nur Knospen damals
doch noch nicht einen Blick
hast du auf sie gelenkt
so steht sie da
kann sich nicht öffnen
wirkt sehr gekränkt
sie wurde dir
umsonst geschenkt

Blindes Licht

SÄTZE die das AUS bedeuten
treffen dich wie Keulenschläge
Schmerzen die sich stets beklagten
konnten das schon früher sagen
doch angeblich heilt nichts mehr
als ein gut geworfener Speer

Selbst schuld

Immer wieder diese Scherben
immer wieder in der Asche sterben
vergessen oder aus Versehen verbrannt
kann das niemand merken
lebst jetzt im Niemandsland
gewollt hat das ja keiner

Augenhöhe

Ich denk an dich
aber auch an mich
Zeiten so schwer
können nicht mehr
Sieben-Meilen-Stiefel
haben gekündigt
Vertrauen
hat sich erledigt
selbst Wünsche
wollen gehen
dunkel die Tage
stellen die Frage
was wollten sie sehen
es wird nie passieren
und trotzdem
sind da noch Freunde

Hoffnungslos

Wenn du nicht weißt
wie Freundschaft schreibt
tut es mir auch nicht leid
und kann doch nicht gehen
weil ehrlich gesagt
ich auch nicht weiß
was wahre Freundschaft heißt

Du willst

Weisheit fressen und vergessen
wer nicht mehr zu dir passt
du willst alleine leuchten
doch dunkel scheinen deine Wege
weil du immer mehr vergisst
das Nobody perfekt ist
Gute Fahrt

Zu spät

Worte
die gesprochen wurden
wollen nicht mehr zurück
Worte
die jetzt laufen können
suchen nun ihr Glück
Worte
die gesprochen wurden
können gar nicht zurück

Freundschaft

Entweder lebt man nah
oder aber unnahbar

weder lebt man nah
noch sonderbar
bis unnahbar

Untitled

Deine Angst
brauche ich nicht
sitze mir selber
tagtäglich im Genick
wo ist der Blick
der mich führt
DEINER ist es
sicher eher nicht
ich schau' nach vorn
und du
vielleicht (noch) zurück

Glück

Glück *die Erste*

Glück will keine Form
und passt in keine Norm
Glück macht gern verrückt
begleitet dich ein Stück
will keinen Dank
sein kurzes oder
langes Leben lang

Die Milde in dir

Nur sie
zerschmettert Schranken
entgiftet die Gefühle
zeigt neue weiche Wege
holt dich zurück
wenn du total versumpfst
in deinem *Un*glück
die Milde in dir
holt dich zurück
zum **Glück**

Nur zu

Selbst
der Duft der Luft
macht dich verrückt
so glücklich wie du
gerade bist

Überholt

Augen die blitzen
ein Lächeln ergattern
Münder die küssen
heftigst umarmt
nichts mehr wissen
nur Lieben und Fühlen
versinken bewußtlos
ertrinken nicht sinnlos
wie schön

Doch manchem reicht's
wenn einfach nur die Sonne scheint
in seinem Leben 😐

Schöner

Wenn die Freiheit winkt
und das Herz vor Glück laut singt
Gedanken fliegen losgelassen
können es noch gar nicht fassen
alle Fäden durchgeschnitten
altes Leid hat ausgelitten
braucht es auch kein Sonnenlicht
selbst im Dunkeln siehst du dich
Geborgensein – nicht nur in sich

Ein Stück vom Glück

es fasst dich an
führt dich vielleicht sogar
auf deinen Weg zurück
das wäre ja unfassbar
doch nicht umsonst
kommt dieses kleine Stück
vom großen Glück

Merkzettel

Oft schenkt das Leben
mit vollen Händen
doch wenn es nimmt
bleibt dieser Schmerz
und wächst
wenn du nicht aufpasst
mitten durch dein Herz
dann musst du ihn töten

Du tötest
deinen eigenen Schmerz

Ich wünsche dir
einen wunderschönen
Sonnenaufgang
und Glück
kehrt immer wieder
wenn man es
willkommen heißt

Glücksfall

Wenn die Stille
um dich herum
verschwindet
der tiefe Frieden
in dir
sich wiederfindet
braucht es
kein Wort dafür

Wie fühlt Glück?

Es singt und springt
es lacht im Wind
und weht davon
kennt keine Zugstation
nimmt jeden mit
auf diesem Trip
das Lachen winkt
der Glaube bringt
dich näher an dich selbst
du hast dich selbst erhellt

zum Glück

Wer bin ich – wie bin ich
bin ich da – für andere
bin ich da – für mich
leicht ist – da sein für die anderen
schwer ist – da sein nur für mich

Glück ist die Summe
unserer täglichen Handlungen

Glück kann man lernen
dann tu es auch

denn die Hoffnung
verloren zu haben
jemals wieder glücklich zu sein
ist nicht so schlimm wie
das Glück erst zu sehen
wenn es uns genommen wurde

Glückliche Fügungen
- Zufälle -

beenden so manche
schreckliche Situation
fallen buchstäblich
vom Himmel
stoppen jäh
den Lebenslauf
stehen vor dir
streuen Lichtblicke
in das Dunkel
deiner Gedankengänge
während Du dich
noch nach hinten drehst
spricht vorn das Licht
und fragt
warum vergisst du nicht

Viel Glück

Die Zunge klemmt
der Kopf er brennt
der Hals macht zu
und was machst du

einfach Anlauf nehmen
über letzte Tage springen

Daumen sind gedrückt
wünsche dir viel Glück

Glückwunsch

Freundschaft braucht kein Kleid
trägt viel lieber Hand und Fuß
eine schöne Zeit

NUR
ganz knapp vorbei

Glück muss man haben
denkt der Frosch
als er den Strohhalm
aus seinem Hintern zieht
und der böse Bengel
weint jetzt laut
als ihm die Mutter
eine um die Ohren haut

Glück

Leben die sich kennenlernen
und danach nie wieder trennen

Mobbing

Gemobbt im Netz

24 Stunden brät das Netz
erst wird geredet dann gehetzt
schlaflos findet jetzt kein Luftloch mehr
der Grad wird eng das Leben schwer

Gedanken fallen da geht noch mehr
im Kreisel des Geschehens
will jeder hören und auch sehen
gemobbt entsteht die Riesenhürde
entsetzt entflieht die Würde
der Kopf bildet Geschwüre
und frisst die Menschlichkeit
hingerichtet und dem Tod geweiht

Früher ging man weiter
ließ Erlebnisse versanden
Zukunft wurde wieder heiter
Hoffnung konnte wieder stranden

Im Netz dagegen wird gelacht
und lebenslang dann fertiggemacht

Neue Wörter finden Raum
Mobbing Terror und den Alptraum
manches nicht mehr geradebiegen
wer sind wir dass wir so agieren

Vergessen wird nichts mehr
und manches Leben geht nicht mehr
Im großen Rahmen fertigmachen
wer sind wir, dass wir so was machen

Wo sind die Inseln, die die Ruhe bringen
Früher konnte man hier Abstand finden
das Vergessen hatte Mitspracherecht
heute hackt hier nur der Mobbingspecht
twittert täglich neue Nachrichten raus
macht dich fertig und du bist raus!

Wo lebt jetzt das Vergessen?
das haben wir wohl auch vergessen!

Nachtgedanken

Worttanz

Dringend
Worte gesucht
tanzen sollt ihr
durch die stille Nacht
schlaflos

Zur Nacht

Der Tag schläft ein
die Nacht erwacht
sie ist nicht gern allein
lässt deshalb Fernsehen
und den Laptop rein
die bunte Stunde lacht
der Grad ist eng
du schwankst
das Bett ruft streng

der Morgen wacht gleich wieder auf
und alles andere wartet auch

Gute Nacht

Die Nacht sie ist zum Schlafen da

Der Nachtmensch findet's sonderbar
lehnt sich zurück weil er nicht glaubt
warum die Nacht den Schlaf erlaubt

Authentisch sein

In deiner dunkelsten Stunde
ziehst du dich an
Das ist nicht deine Welt
du gehst, verlässt das Feld
Hier willst du nicht untergehen
ihr alle könnt mich mal

muss doch noch täglich
in den Spiegel sehen

Selbst wenn du dich verrennst
du folgst dir – die du doch kennst
keine Überlegung ist das wert
du bist du und führst dein Schwert

Stillschweigen

Im Abendrot
treffen sich Gedanken
setzen sich gemeinsam
in die Nacht

Durchgemacht

Nicht nur der Morgen lacht
und Mensch muss wieder denken
geruhsam war die Nacht
will uns den Frieden schenken

Doppelstunden

Die Nacht stöhnt auf
Gedanken wandern
mal nicht im Morgentau
zeitungslesend und mit Radio
die Nacht sie schaut zur Uhr
das ist Horror pur
geht nicht vorbei

Ausgeknipst

Gedanken fallen schwer
ein Kissen muss jetzt her
der Kopf im letzten Suchlauf
auch dieser Tag läuft leer
kann ebenfalls nicht mehr

Die Nacht bereitet
in langen Schatten
ihre Träume vor
und kann es kaum erwarten
fängt an zu leben
bedient sich hemmungslos
an Opfern die so wehrlos
Glückselig oder angstverklemmt
die Nacht in die Gedanken rennt

Als dunkle Seite steht sie auf
und lebt in vollen Zügen
bis der Tag sie irgendwann erschlägt
Da liegt sie nun, hat aber ihre Saat gesät
und die wird im besten Fall
den ganzen Tag erzählt

Die Nacht
mit ihren langen Schatten

Sie hüllt uns ein – wir sind allein
doch sind so stark - verdammt autark
Gedanken geben alles
wollen unbedingt dabei sein
mehr braucht es nicht
für das innere Licht
Einssein mit sich

DAbei

Wenn die Nacht erhitzt erwacht
der Mond sich in die Laufbahn zwängt
Gedanken nicht mehr eingeengt
völlig nackt den Samba tanzen
die Freiheit sprühend funkt
der Ehrlichkeit die Sprache reicht
Träume schäumend quillen
ist es noch weit zum ersten Hahnenschrei
doch dann ist es VORbei

Naturerleben

Im Cafe

Die Sonne und der Frühling
treffen sich im Cafe
Sie reden
über die dunklen Zeiten
und draußen
erwacht die Natur
um weiter zu leben.

vor dem **Run**

Im Frühstückszimmer
die Fliege sitzt schon am Tisch
lautlos die Stille

Bühnenwechsel

Das Netz erzittert
Spinnenbeine laufen ein
die Fliege klebt im Netz
Fliegenfest

Brautgeschenk

Die Fliege hängt im Netz - was jetzt
Beim Spurt stoppt jäh der Spinnenmann
ruft lieber seine Freundin an
schwärmt von gutem Essen lädt sie ein

Sie lässt sich nicht lange bitten kommt herein
und denkt was für ein guter Mann:
Doch was der denkt geht keinen etwas an
Frau Spinne genießt jetzt jeden Bissen
was der Spinnenmann genießt
will wieder niemand wissen

Gibt es Nachtisch
will Frau Spinne wissen und sucht den Mann
der liegt am Boden – schaut sie glücklich an
er seufzt zufrieden räkelt sich
Sekunden später bricht sein Augenlicht

Im Garten

Sonnenstrahlen küssen dich
der Wind zieht dir am Haar
Gras kitzelt an den Füßen
der Morgenduft erwacht
ein Käfer auf dem Blatt
er winkt dir zu
 meinst DU

Friede

Ein Sonnenstrahl legt sich
auf deine Seele
ein Schmetterling
setzt sich dazu
berührt von dieser Ruhe
fallen dir die Augen zu

Jahr und Zeit

Frühjahr kriecht aus sich heraus
Sommer läuft durch die Natur
Herbst vergoldet die Saison
und Winter schließt die Tür

Donnerwetter

Das Abendlicht singt schräg
und wird ganz rot dabei
der Mond schaut so erschrocken
Die weißen Fahnen ungewaschen
hängen heut' in grauen Wellen
die Welt sie legt sich schlafen
ein letzter Blick zum Firmament
Der Mond zweifelt an seinem Regiment
er kocht bläst auf die Backen

„schon wieder Vollmond"
denkt der Mensch

Nachtschicht

Behutsam dreht
die Sonne an dem Licht
und denkt an den Orkan
der sich gestern
wieder nicht benahm

Regen kommt erschöpft
von seiner letzten Schicht
Frühstück für alle
die Brötchen noch heiß
der Kaffee so frisch

Der Frühling

Geht behutsam durch den Garten
beschreitet Wiesen zählt die Felder
wandert alle Wege durch den Wald
Hinterlassen wird er eine grüne Spur
zu neuem Leben erwacht Natur

Tristesse

Vernebelt liegt der Morgentau
sucht Anschluss an den Tag
im ewig monotonen Grau
führt er uns aus der Nacht

Eintagsfliege

Der Morgen scheint
die Kälte winkt und lacht
hoffentlich nur einen Tag

Herbstgedanken

Wind wirbelt durch das Laub
wischt alles Bunte auf
die Sonne lacht verhalten
golden leuchten ihre Strahlen
durch braune bis verwelkte Töne
Herbst in Zeit und Bild
legt sich warm um diese Welt

Sommer

Dein Duft
lässt nach
verliert
an Kraft

der Herbst
hat ihn verschenkt

Im Fluss

Natur vergeht und
bunte Schönheit wandelt
sich in goldenen Herbst
schläft ein
mit der Gewissheit
im nächsten Jahr
neu aufzublühen
doch nicht für uns
da warten wir vergebens
erleben höchstens
noch einen
zweiten Frühling

Brauntöne

Natur bemalt sorgsam jedes Blatt
und dann fällt es einfach ab
HERBST

In den Jahreszeiten

Der Mann
im Blatt
hat es so satt
verliert sein Kleid
das ist sein Leid
bald ist er nackt
Herbstakt

Spring

Der Frühling
er ist wieder da
und hat mich
sanft geweckt
die ersten Blumen
in mein Haar gesteckt
den Winter aus
dem Haus gehetzt

Frühling

Gedanken verrenken
wieder auferstehen
Torkelnd dem Frühling
entgegengehen
WAS EIN WIEDERSEHEN

Sollen nicht

Gänseblümchen
strahlen in
die erste Frühlingssonne
Mädchenhände brechen ihr Genick
fürchterlich

M)Närz

Rückwärts läuft der Nerz
das macht er nur im März

Frühjahr

Das Braun im Morgenlicht
der Stängel unter deiner Hand zerbricht
will wieder blühen – in grün
noch ist er braun – im Morgengrauen

Der Morgen

er sitzt unterm Blätterdach
der Regen rauscht
hat so viel Wasser mitgebracht
und rät dem Morgen
sich Gummistiefel zu besorgen

Noch

Noch frostig die Zeiten
im Frühlingsgefühl
doch schon bunt
denken Gedanken
erste Schmetterlinge
zaubern mit Farben
Natur will jetzt malen
FRÜHLING GREIFT AN

Geborgen

So satt im Grün würde
ich auch gern blühen
in einem schönen Garten
ein nettes Plätzchen haben

Sommerzeit

Nur eine Stunde
sagt die Sekunde
legen wir uns
noch aufs Ohr
Sommerzeit vorbei

Nonsens

Alles neu macht der Mai

Na
da freue ich mich aber

auf den neuen Mann im Bett
auch Schwiegermutter
ist dann endlich weg
die neue Stelle
hoffentlich gefällt sie mir
und Kinder will ich

das passte dieses Jahr
zu mir

.....

Pausenstop

Weiße Gedanken
rauchen hastig
eine Zigarette
im Kellertreppenlicht

Am Empfang
brüllt derweil
die Tiefe
irgendeiner Seele
verlangt
augenblicklich Hilfe

Minuten später
stehen alle wieder
an Ort und Stelle
und lächeln sich
entschuldigend
(zu) an

Gut investiert

Drei Groschen im Roman
den Ersten zahlst du für den Plan
den Zweiten investierst du
in Liebe Kummer samt dem Gram
den Dritten schiebst dem Schicksal zu
das alles nur zum Guten lenkt
bist überglücklich dann als Leser
weil du es gar nicht anders kennst

Luft gemacht

Die Elefantenkuh hat sich verrannt
jetzt steckt sie in der Häuserwand
der Po er wackelt hilflos hin und her
die Augen sehen gar nichts mehr
die Stoßzähne tief im Mauerwerk
hätte sie sich bloß nicht so aufgeregt

Guten Morgen

Kaffee steht am Bett
der Morgen knurrt dich an
und du tust so als ob
irgendjemand etwas dafür kann

Nachtschicht

Behutsam dreht
die Sonne an dem Licht
und denkt an den Orkan
der sich gestern
wieder nicht benahm

Regen kommt erschöpft
von seiner letzten Schicht
Frühstück für alle
die Brötchen noch heiß
der Kaffee so frisch

Einschätzbar

Die Märchentante hat ihre
schönste Decke mitgebracht
von Gold durchwirkt
besetzt mit Edelsteinen
kostbarer wie nie
Vertrauen und Verstand
hat sie mitverwebt am Rand
der Mensch will es nicht glauben
was sie angeblich weiß
weil sie doch Märchentante heißt

die Decke blendet
leuchtet im Abendlicht
wer solche Schätze hat
der lügt doch nicht

Weichen

Kaspar will nach Madagaskar
und ein Konto in Toronto
Freigang leben statt Liebeszwang
Streuner und Zigeuner werden

Für seine Rosi ein Vorschlag ohne Sinn
sie kratzt nachdenklich am Doppelkinn
hört sich das zwar an
sucht aber gleich 'nen neuen Mann

Geht jetzt mit Kurt
der trägt sogar beim Autofahren Gurt
und sehnt sich täglich zu ihr hin
denn sie ist seine Königin

Verschlafen

Der Morgen rüttelt an dem Licht
verdammt noch mal so geht das nicht
auch wenn heute Sonntag ist
du musst doch trotzdem auf die Schicht

Echt königlich

Stille im Gemach
der Prinz ist brav
reibt heimlich
sein Gemächt
kein Laut stöhnt
aus ihm raus
der Prinzgemahl
hat keine Wahl
die Prinzessin will
ihn einfach nicht

Echt königlich II

Im Handgemenge

Die Prinzess lacht in sich hinein
natürlich hört sie ihn - wie unfein
Nicht dass sie das nicht auch mal macht
aber nie und niemals in der Nacht
denn sie könnte darauf schwören
auch er würde sie dann hören

Dann hätte sie ganz schlechte Karten
er würde jeden Abend auf sie warten
du bist so willig
würde er dann stöhnen
und sie umso mehr begehren
so greift sie zu dieser List
und macht es nur bei Tageslicht

Und wenn sie nicht gestorben sind
sie wollte ihn heute noch nicht

Das volle Programm

Unmöglichkeit begleitet dich
auf Schritt und Tritt
du kannst ja nichts dafür
denn sie will immer mit

Pfannengerichte

Die Zwiebel in der Pfanne
Tee schwimmt in der Kanne
toter Fisch liegt auf den Tisch
noch riecht es nicht

Verdeckt

Der Morgen klappert mit den Zähnen
unterdrückt sein hoffnungsloses Gähnen
er malt sich an ein fröhliches Gesicht
und hofft man sieht die Schminke nicht

Versteht der Verstand sich
auf's Verstehen?

Die Amsel bellt zum Hund der pfeift
sie wär' so gerne reich - sie keift
ein Hase fliegt gerade um die Welt
der Regenwurm er zählt sein Geld
Die Amsel schnellt und stielt die Scheine
der Hund er pfeift und zieht dann Leine
der Regenwurm krümmt sich im Zorneswahn
und legt sich mitten auf die Autobahn
er nimmt jetzt Maut macht eine Spur dann frei
die Amsel ist verwirrt der Regen ist vorbei
so schnell verdient man neues Geld
einfach andern in den Weg gestellt
ein LKW naht auf der dritten Spur
der Fahrer raucht schaut auf die Uhr
er saust heran die Amsel bellt
der Regenwurm stöhnt auf - zerfällt
in tausend Stücken liegt er zwischen Geld
der Hund er pfeift – die Amsel bellt

die Fantasie - sie lacht
hat doch nur Spaß gemacht
doch der Verstand verlässt den Raum
kopfschüttelnd – was ein irrer Traum

Wenn Regen
an das Fenster trommelt

und Wind sich an die Scheiben wirft
die Sonne bockig hinterm Vorhang sitzt
versteht das Wetter sich grad nicht

Punkt

Im Datenschutz
des Laternenlichts
klagen verwesend
die Gedanken
Trauer regt sich
bis sie bricht
das Wort im Schwall
und ohne Schranken
fließt ätzend durch
verweinte Straßen

Wortfaul

Er fasst ihr in den Schritt
denkt sie macht mit
doch sie sieht rot
und sticht in tot

Nun liegt er unter einem Baum
zersägt und kleingehackt
das kommt wenn man so mutig packt

Daheim

Gartenland statt Urlaubsstrand
Unkrauteimer für den Reiner
Gartenstuhl statt Swimmingpool
Farbenpracht statt Partynacht
das Lied vom Wind so gut klingt
im Urlaub sein
daheim

Gelacht

Alt und weise ist so große
in 13 Jahren 70 sein
Lustig lebt ja jetzt allein
Gedanken rasseln
in den Ketten
Dunkel isst der Tunnel
den Spaß soeben auf
den braucht doch niemand mehr
drum soll er auch nicht leiden

Wer liefert was

Der Drache brennt lichterloh
im seinem Feuer
und fürchtet sich
vorm eigenen Ungeheuer

Und

Der Morgen winkt
der Kaffee singt
ein Toast er springt
und du willst Wasser haben
darin in Unschuld baden

Voll im Mond

der Morgen quält sich durch die Nacht
hat ihr gerade Kaffee gemacht
warum soll sie schlafen
er will nicht alleine warten

So froh

Wer träumt
meint auch
er wäre Realist
nimmt an
was ihm
am liebsten ist

(M)Närz

rückwärts läuft der Nerz
das macht er nur im März

Sommer Zeit

um Zwei steht sie am Start
um Drei kommt sie zum Stehen
und außer Puste muss sie
sich jetzt erstmal legen
die Ruhe vor dem Sturm
denn Morgen werden ALLE
sich beschweren

Verstautes

Im Schritt klirren die Gedanken
saugen Sehnsucht auf
und nicht nur Glocken läuten(d)
holen Boote ihre Segel raus

Idioten-sicher

Wenn der Idiot
sein Fach vergisst
in das er regelmäßig
Wissen schließt
Dauert es halt länger
wird vielleicht auch Nacht
bis zum gewünschten Resultat

Vergebens

Du schaust
in den Spiegel
der Sehnsucht
wünscht dir
was du nicht bist
doch der Spiegel
antwortet nicht
ärgerlich
oder
Strafgericht

Seelenhaut

An mir
so denkt die Maus
beißt du
dir alle Zähne aus
und schweißt
die letzte Naht
um ihre Seele

Machen lassen

Die Sonne scheint
doch lacht sie nicht
das kannst nur du
zum Beispiel über dich
und das
ist auch nicht lächerlich

Knallhart

Wenn es überall zwickt
die Kleidung nicht mehr richtig sitzt
die Waage nicht mehr zählen kann
wo setzt man da am besten an

eine Schere
im Schnipp und Schnapp
schneidet alle Pfunde ab
danach ins Koma legen
Schnittwunden pflegen
funktionslos alle weitere
Mahlzeiten verschlafen

das geht leider nicht
Disziplin ist Pflicht
doch bei manchen
funktioniert das nicht

Miss Verstand

Er wünscht sich so sehr
ein Wunderweib her
ein richtiges *Vollweib*
wie es im Buche steht
ob sowas geht?

————————————

Die Neue
schön wie eine Nachtigall
und so beschwingt
trinkt schon am Morgen
als *Vollweib* torkelt sie
hat immer Sorgen
den Alkohol für Morgen
muss sie ja noch besorgen
als *Vollweib*
will der Mann sie haben
TAG UND NACHT
was das heißt
hat sie damals
nicht bedacht

Aber sowas von fast

Glück muss man haben
denkt der Frosch
als er den Strohhalm
aus seinem Hintern zieht
und der böse Bengel
weint jetzt so laut
als ihm die Mutter
eine um die Ohren haut

Poesieweisheiten

Aller (An)fang - immer schwer

Ich winke dir aus weiter Ferne
denn ich habe dich gerne

Wenn du eines Tages
nicht mehr an mich denkst
dann hat das Schicksal es auch so gelenkt

Verwechsele Liebe mit der Freundschaft nicht
es bricht der Freundschaft das Genick
und ihr Platz bleibt leer am Tisch

Sich verstehen ist nie verkehrt
so kann die Welt sich weiter drehen

Ein Tritt in den Eigenen
kann vieles bereinigen

Wir könnten so stark sein
doch das geht schlecht allein

Du trägst alle Farben dieser Welt
man hat dich nur ins falsche Bild gestellt

Dir den Rücken drehen
hieße ganz schön alleine stehen

Sitzt du das erst Mal beim Internist
ist alles nur noch Mist

Der Wind aus einer anderen Richtung weht
wenn Freundschaft auf dem Prüfstand steht

Der Doktor kommt hereinspaziert
die Diagnose explodiert

Wenn's dir an den Kragen geht
findest du auch zum Gebet

Der Doktor sich nicht wundert
in deinem Zustand wirst du hundert

Ja so sind die Sprücheklopfer
machen ihr Gegenüber gern zum Opfer

Wer Worte schreibt kann sie auch deuten
wer Worte liest
dem müssen nicht die Glocken läuten

Dinge die es eigentlich nicht gibt
verrückt wird der sie erlebt
doch die Welt wird bunter
auch hier geht's rauf und runter

Klopf den Ärger in die Tonne
und leg dich lieber in die Sonne

Intuition singt stumm ihr Lied
es gibt nichts was es nicht gibt

Die Seele lacht hat Spaß erlaubt
ein kleines Lächeln tut es auch

Das Lachen will mal wieder in den Keller
doch schlechte Laune ist wie immer schneller

Manchmal ist das Leben schön
genieß es und hab Spaß dabei

Ist dein Leben einmal schwer
dann denk an mich
kann auch nicht mehr

Was sie da macht ist sehr gewagt
das Herz setzt aus für einen Schlag

Wenn Gedanken schwanken nur noch gegen
Tränen kämpfen kann ich dir nicht helfen
aber meinen Stuhl neben Deinen stellen

Du schaust mir über die Schulter
nicht mehr auf mich runter

Hart aber herzlich geht es hier zu
hat ja auch nichts mit der Realität zu tun

Wer schreibt der bleibt nicht nur
er sieht auch Licht auf einer Spur

Schreiben als Lebenselixier
formt Geist und Seele zum wir?

Ein Stück weit verrückt
schön ist wenn das glückt

Der Morgen winkt
ob ihm das was bringt

Wenn du meinst das wäre krank
renn erstmal gegen einen Schrank

Spieglein Spieglein an der Wand
wer hat den schönsten Darm im Land

Ziehen wir an einem Strick
bricht niemand mehr uns das Genick

Wer zuletzt lacht
lacht nicht unbedingt am besten
wer Spaß versteht
kann damit Ernst ersetzen

Immer nur edel und voller Mut
sie ist außer sich vor Wut

Du fühlst dich allein
das kann schon sein

Wenn das Herz meint es denkt
die Seele grölend in den Seilen hängt

Die Welt steht gerade still
uninteressant was jeder will

Unser Lächeln verweht im Wind
gespiegelte Gedanken sind nicht blind

Das Auge sucht den bunten Punkt
manche malen sogar mit dem Mund

Innere Kraft und Stärke
tu doch so als wenn's so wäre

Der Hass er lacht
hat doch noch nie Spaß gemacht

Hass muss nicht Hass erzeugen
im Leben nicht hier wird sich keiner beugen

Das Herz es schlägt und schlägt
damit Lebensdauer auf dich überträgt

die dunkle Seite an die Macht
lang genug wurde hier gelacht

ab heute wieder eitel Sonnenschein
doch du kannst nicht mehr
du willst den Totenschein

Nur der Kaspar lacht wie hingestellt
unecht sein Lächeln es wirkt gequält

Freundschaft die aus der Stille kommt
auch sie verbietet dir den Mund

Doch auch ein stilles Licht
verfehlt die Wirkung nicht

Du sagt was alle denken
kann man sich das nicht schenken
aber du denkst es doch auch
dann höre auch auf deinen Bauch

Weiß ist alles weit und breit
kein Wunder wenn es schneit

Verlassen weht der Vorhang jetzt im Wind
wie du - ihr wart wohl beide farbenblind

Wenn die Sehnsucht in dir drängt
hast du wohl irgendwas verpennt

Was du sagst ist nicht immer etwas wert
Sprache vermittelt nur den einen Wert

Irgendwann reißt jeder Strick
auch Geduld ist manchmal ungeschickt

Keinen Ärger keinen Streit
nur Dankbarkeit

Das Wort verspielt oder verschenkt
doch ein Wort ist nie gekränkt

Nur einen Augenblick schaust du zurück
und wünscht dir selber nochmal Glück

Göttlichkeit liegt in jedem
wir müssen sie aber auch leben

Wenn du denkst du spinnst
dann schau doch mal nach rechts und links

Die Freude strahlt in deinen Tag
das ist schön wenn man das mag

Gute Miene zu unbedachtem Spiel
manche verlangen doch sehr viel

Wer sagt er hätte nichts gemacht
hat nicht darüber nachgedacht
und somit auch nichts falsch gesagt

Alles kommt zurück man glaubt es nicht
was dir jemals im Leben begegnet ist

Sichtbar werden auf die eigene Weise
das geht laut es geht aber auch leise

Mach keine Reise ohne Wiederkehr
sonst wird das Leben ganz schön leer

Mit einem Lächeln im Blick
wünsche ich ganz viel Glück

Ist die Fantasie einmal verreist
ist der Alltag nicht mehr weit

Ist der Humor erst aus dem Haus
ist es mit der guten Laune aus

Die Nacht ist doch der beste Freund
denn da ist immer so gut aufgeräumt

Wer BESONDERS sein will
muss auch so leben

Wer die Wahrheit spricht
vergibt sich nichts
oder vielleicht doch

Das Leben ist wie ein offenes Buch
doch mancher wird daraus nicht klug

Du bist nicht mehr präsent
oder ich bin resistent

Zu viele Worte
sind wie Buttercremetorte
ein Stück zu viel davon und dir wird schlecht
zu wenig Worte
ist wie *Leben ohne Torte*

Wenn du wüsstest wie ich mal war
aber ich glaube selbst damit kämst du klar

Du hast glatt vergessen wie es ist allein
doch jetzt fällt es dir wieder ein

Bist du nun mein Freund
oder habe ich wieder nur geträumt

Die Tränen sind gegangen
aber auch der Mut hat sich erhangen

Ganz spontan würde ich dir gerne schreiben
doch lass es ganz spontan auch wieder bleiben

Das Schreiben ist so tödlich
auch Rauchen macht das möglich

Und man ist ganz allein
SO SOLLTE ES EIGENTLICH AUCH SEIN

Erniedrigungen gibt es nicht
du machst genau das was dir wichtig ist

Ich rede nicht mehr über Stille
ist schließlich jedermanns eigener Wille

Jeder braucht einen Freund an seiner Seite
egal wie leise

Wer sich traut
wird zwangsläufig laut

Der Anfang spricht ganz anders als das Ende
was für eine Wende

Wer sich nicht wehrt muss sich nicht wundern
wenn man ihn überfährt
doch wer sich wehrt muss damit rechnen
dass man sich über ihn beschwert

Erst wer darüber lacht
hat es geschafft

Wenn der Spaß in den Keller rennt
wird's ernst
denn du verlierst dein letztes Hemd

Wer andern hilft, hilft auch sich selbst
das sind die Farben dieser Welt

Wenn der Faden reißt
der auch Geduld heißt

Mehr als gehen kann ich nicht
doch warum tust du das nicht

Das Leben will sehen
und sich endlich mal verstehen

Ein aggressives Potenzial
steht jedem – allemal

Wie kommt jemand dazu dich zu beschränken
er will dich hilfeschreiend
aus seinem Leben lenken

Dein Leben musst du akzeptieren
du kannst es nicht regieren

Lade die Schuld nicht beim Nächsten ab
auch du bist kein unbeschriebenes Blatt

Rentner Beige

Rentnerbeige

Der Morgen brummt
wenn Rentner Peter launisch
um die Ecke kommt

Gefrühstückt wird halb acht
und wehe dem der lacht
„komm komm" treibt er
wir müssen uns beeilen
der *ldi macht gleich wieder zu"
dabei hat der
noch nicht mal aufgemacht

So viele Ecken

Auf leisen Sohlen
schleicht der Rentner
jetzt durch Haus

Ist unsicher
kennt sich nicht aus

Wie lange
braucht ein Mann
bis er endlich
alles kennen kann

Unter Aufsicht

Kurt macht Kontrolle
wofür braucht Ilse diese Wolle

Sie sitzt da wie im Kreuzverhör
rollt nur noch mit den Augen

Kurt macht keinen Spaß
er kann und versteht
sich selbst nicht mehr

Von der Hand

In der Vorratskammer
steht nichts mehr
die strahlt jetzt
vor Sauberkeit
doch sie ist
LEER

Herbert schließt
zufrieden diese Tür
Vorrat halten
gibt's nicht mehr
schließlich geht er
täglich laufen
und kann
kaufen

Nachgedacht

Die Gretel lacht
hat nachgedacht
am besten würde sie
jetzt arbeiten gehen
dann könnte er
mal sehen
was sie so jahrelang
geschafft

Durch dick und dünn

Mit großem Herz
und liebendem Verstand
nimmst du dein Gegenüber
an die Hand
ihr wandert weiter
durch das nagelneue
Rentnerland

Nervenstark

Er sieht sie heimlich
von der Seite an
sie wittert die Gefahr
senkt schnell den Blick

Bei Nichtgefallen
Umtausch garantiert
und Geld zurück
im Leben nicht

Verdrehte Welt

In Gummistiefeln tritt er an
den Rasen mäht
ab sofort der Mann
mit 100 Sachen legt er los
auch Blumenbeete mähen
sich famos

Begeistert mäht er sich
in seine neue Pflicht
lautlos der Tod wenn
jeder Blütenstängel bricht

Als sie was sagt
wird er sehr böse
*"du tut ja so als wenn
ich das nicht könnte"*

6.00 Uhr in der Früh

Werner hantiert in der Küche
und setzt sich auf einen Kaffee
seine Elke hat neuerdings Ansprüche
Frühstück soll er nun machen
was weiß die eigentlich über Ehebrüche
mutiert neuerdings zum Hausdrachen
und überhaupt lässt sie sich gehen
was soll er denn jetzt machen
will doch nur ihr Lachen wiedersehen

Herbert erfüllt seine Pflicht

Das Frühstück genießt er nicht
ein Brötchen mit Marmelade
für mehr ist die Zeit zu schade
auch die Zeitung bleibt liegen
wann soll er die denn noch lesen

Der Tag geht gemächlich ins Land
doch Rentner Herbert hat sich
in den Ruhestand verrannt

Morgen bleibst du liegen
so schwört er sich
soll Lore doch sehen
wie das geht ohne mich

blühende Gärten

Fantasie
gibt dir
so viele Farben
Buntes willst du tragen
FlowerPower
statt Rentnerkragen

Terror

Kleine heile Welt

findest du am Winterfenster
wenn der Schnee so leise fällt
und du dich fragst
wo ist der Alltagslärm denn hin

Nährboden

Der Wahnsinn reift
und Terror greift
mit vollen Händen
verteilt er seinen Hass

die Welt steht still
Ausnahme in der Zeit
Sendezeit so viel sie will
wer ist wozu bereit

Gegen Gewalt

Die Hängematte leer im Wind
Entsetzen lähmt die Welt
muss nicht begreifen lernen

Terror

Die Welt sich dreht
versteht zwar nicht
warum sie so schwer trägt
sie dreht sich zwischen Leid
sie dreht sich durch den Kummer
sie dreht sich trotz Gewalt
doch wer den Hass sät
hat nicht verstanden
dass DAS nur geht
weil die Welt sich dreht

Keine Lust mehr

Keine Lust mehr euch zu überzeugen
keine Lust mehr Freundschaft
auf den Weg zu streuen
die Welt sie steht mal wieder still
und Miss Sophie sie trinkt Wein
The SAME PROCEDURE was ein Hohn
doch schließt sich dabei ein
Auch sie hat keine Lust mehr
auf die tägliche Gewalt
Terror auf Großstadtasphalt
bedenkenlos – gefahrenvoll – gewissenslos
Fanatisch die Welt steht vor der Wende
Miss Sophie nimmt noch einen Wein
wie wird es zu Silvester sein
doch bis dahin sind es noch viele Tage
der Wahnsinn züchtet Bomben
Menschsein geht verloren
Mitgefühl es steht am Pranger
so stehen wir in unserm Bild
und treiben vor Entsetzen
um diese Welt
VERLOREN

Show-down

Augen
die sich bedecken
und Gedanken
die sich verstecken
hinter Dauerlächeln
das Leben erfriert
weil sich
Wahrheit geniert
dumm bis dümmer
versteckt unter Glimmer

VERFEHLT

Die Welt voller Schmerz

Kann nicht begreifen
wie die Glut im Hass
sich in die Seele brennt

Trauer

Übergang

Die Dämmerung
verschluckt dein Leben
Erinnerungen wehen
im Gedankenstaub
lässt sich die Trauer nieder
wischt alle Tränen auf

Gegangen

Im Gegenlicht
spüre ich dich
deine Nähe
deine Liebe
sie umarmen mich

Stille

Gedanken kreisen
so dunkel die Tage
noch spüre ich dich
und sehe dein liebes Gesicht
durch meinen Tränenschleier

Irgendwann

Der Tod er naht
wie auch der Winter kommt
Leise und behutsam
glitzert totenstill
die Macht durch alles Sein
Im Angesicht des Todes
bereitet er sein Tuch
und nimmt dich mit
und hüllt dich ein

Still

Die Zeit
sie schlingt
sie drängt
und lenkt
gibt nichts
mehr her

Doch Trauer
überdauert
Die Zeit
sie ist nicht mehr

Gehen

Gesicht des Todes
niemand will dich sehen
für einen Moment noch
spricht die Zeit
dann ist es soweit
und du darfst gehen
ERLÖSUNG

So viele Jahre

lebe ich jetzt ohne dich
treibe wie ein Schiff
lasse mich vertreiben
immer einsam bleiben
der Wille war mein Riff
Leben hatte mich im Griff
niemand auf dieser ganzen Welt
drückt immer nur auf *ge*fällt
bekommt was er *ver*tragen kann
und was er auch verstehen kann
und deshalb treibe ich weiter
mein Riff ist wieder da
es war nicht immer klar
ich sehe mich und dich
und weiß
du und ich
vergessen uns nicht

(für Michael)

Damals

Dein Zuhause sahst du nicht hier
irgendetwas fehlte dir
deine Sehnsucht übergroß
du löschtest aus dein Licht
gingst los

Sicht

Dein Weg geht
Schatten zwischen Licht
bis in die Unendlichkeit
END-LICH

.... das sind WIR ❤
.... irgendwann ...

Erinnerung

So oft denk ich an dich
wie sehr ich dich vermiss'
doch fühle dann dein Lächeln
das sich in meine Seele setzt
So oft denk ich an dich
beruhigt dann in Gedanken ♥

Nicht nur

Der Himmel weint
vermisst dich sehr
auch ich kann und
will nicht mehr

Was war

Dein Licht
es bricht
nun gehst
du schon
so traurig
die Zeiten

Die Seele

sucht an ihrem Mantel
so kalt ist es jetzt hier
sie muss los sie will zurück
der Gang durchs Nadelöhr
den Gang zurück zu ihr

Gestuft

Mein Licht
sucht deine Spuren
die Dunkelheit
hat sie verwischt

Morgen

Dein Atem so leise
dass der Wind dich nicht hört
die Blumen so welk
auf deiner Seelenwiese
Traurig reitet der Nebel
durch dunkle Höhlen der
FANTASIE

Stimmlos

Dein Wort in meinem Ohr
auch deine Gedanken
kamen in mir vor
du und ich uns gibt es
NICHT   und   MEHR
du fehlst mir sehr

Du

Ich suche dich
in jedem Menschen
doch finde
dich nicht mehr.
Vergessen hast du
mir Bescheid zu geben
Du fehlst so sehr

Wege kreuz und quer

Auch der Schatten
kennt den Weg
die Kapuze im Gesicht
versteckt er sich
lässt dich gewähren
läuft oft an dir vorbei
doch du
du siehst ihn nicht

Zwingt er dich
ihn anzusehen
ist es soweit
er nimmt dich mit

Auf unbekannten Wegen
geht er dir nun voran

Der Schatten führt ins Licht

Abschied

Dein Blatt fällt leise
ruht jetzt unterm Lebensbaum
wird vom Wind verweht

Dein Gang

Wann ist Ostern
fragst du immer wieder
zurück bleibt ein Bild von dir

Gedankenflug

Die Blüte verblüht
und die Kraft geht mehr und mehr
was bleibt zurück

Gegangen

Dein Licht verlässt dich
dort warten schon die andern
sehnsuchtsvoll lachst du

Unaufhörlich

Regentropfen rinnen
an der Scheibe
wie die Erinnerung
in mein Herz

grau in grau
sind diese Tage

Warum

Du bist gegangen
Erinnerungen bleiben
Gedanken leben

Mein Freund

Jahrzehnte kennen wir uns schon
Der Bruch - so blöd passiert
war irgendwann kein Thema mehr
Da gab es keine Naht
wir waren wieder wir
ich danke dir dafür
mein Freund

Total verlassen

Im Schneckenhaus sitzend
haben wir uns Geschichten erzählt

Weißt du das eigentlich noch

Vakuumverpackt sind jetzt
unsere Gefühle und Gespräche

Danke dass du da warst

Jede Wolke

Erinnert mich an dich
so sehnsüchtig war die Zeit
unsere Worte grenzenlos
voller Nähe und Ewigkeit
auch ich denke oft an dich
und vermisse dich

doch sehe dich
in deiner Zeit ♥

Unterwegs

Du tanzt mit den Wolken
verschwindest im Nirgendwo
wirst so sehr fehlen
du tanzt mit den Wolken
und sitzt auf den Sternen
lächelst aus anderen Welten
du tanzt mit den Wolken
verschwindest im Nirgendwo

Bringe
dir Blumen
treibe stumm umher
deinen Verlust habe ich
verkannt

Über das Schreiben

Einfach nur schreiben

Worüber schreiben

über Gefühl und Sehnsucht
die Liebe und Verbrennen
den Alptraum und Erkennen
über Angst und ihre Macht
Enttäuschung überleben lernen
und mache schreiben nur für sich
um sich selbst mal kennen zu lernen

Ein Tag - ein Jahr

Karneval
heute ist alles erlaubt
beim Schreiben übrigens auch
und in der Liebe sowieso 🙂

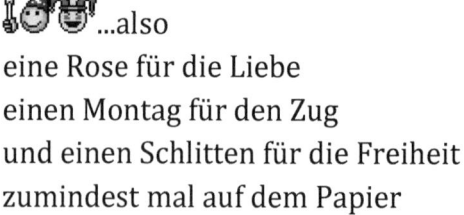...also
eine Rose für die Liebe
einen Montag für den Zug
und einen Schlitten für die Freiheit
zumindest mal auf dem Papier

Glaube nicht alles was du denkst

Glaube doch mal
was du nicht denkst
und schreibe mal
was du glaubst
oder
denke mal
was du schreibst
und
dann fange an
zu glauben
oder denken

Wenn Schreiben zur Sprache wird

Da ist so viel Nähe
da ist diese Reinheit
sie empfinden
im Verbinden
und Verschmelzen

Tintenglut

Ich schreibe mit dem Herzen
und womit schreibst DU

Ich schreibe sogar in Abwesenheit
und wo treibst es dich umher

Ich schreibe dass selbst mein Auge lacht
woraus besteht denn deine Freude

Ich schreibe auch für dich
und was tust du für mich

und überhaupt
wo bleibt das Trauen
im Vertrauensverlust

Schreibgespinst

Verwebt in Worten
noch sind es zarte Fäden
im Klettergarten

Schreiberlinge

Ein Leben zwischen Worten
auch an unbekannten Orten
ein Leben voller Fantasie
real wie nie

Das Schreiben der "Glücksschrift"

Wenn es etwas gibt
wofür du brennst
was dir Freude bereitet
dafür noch nicht
mal etwas nimmt
sondern nur
dein Innerstes stärkt
weil es Gedanken sortiert
und du weißt
das du hier nie verlierst:
Eine Gabe
die deine Hoffnung
und Sehnsucht bedient
pflege diese Seite
an dir auch wenn
sie keiner kennt
fernab der Welt
wirst du hier wieder stark
das brauchen wir
glückliche Momente

Gruppenstunde

Weißt du eigentlich
wie schön es ist
wenn sich Gedanken
täglich sammeln
da tauchst du ein
und sie vertrauen dir
so manches an
und wenn der
Marktplatz der Gefühle
ab und zu verreist
dann hast du Funk
und Fernsehen
oder eine Freundin
die nicht mehr
weiter weiß
oder ihre Hochzeit
begeistert mit dir teilt
Stoffe des Lebens
was für ein Material
du schreibst begeistert
und meditierst so
mindestens täglich
ein Mal

Wer schreibt lebt gefährlich

Ausschüttungen des Gehirns
werden dir zu Last gelegt
blindlinks läufst du in den Spiegel
den nur dein Gegenüber kennt
in diesen fremden Zimmern
willst du gar nicht wohnen

Du erzählst nur was du denkst
wenn die Gedanken fliegen

Verwelkte Welt

Ich schreibe nicht alles
was ich denke
aber ich denke alles
was ich schreibe

Ein starker Regen fällt und

Wolken werden federleicht
auch du
kannst wieder denken
und deine Worte lenken
doch das willst du gar nicht mehr
normal sein fällt jetzt schwer
zumindest in den freien Stunden
lässt du die Worte ungebunden
nach Gutdünken sich bedienen
fahren auf Gedankenschienen

Ende offen

Schreibweisen

So viel mit sich selbst zu tun
doch leise Weisen schreiben
ziehen helle Bahnen
beleben das Gehirn
knüpfen
im Entwirren alter Wege
eine Zukunft
mit der man leben kann

Das Spiel mit den Worten

es muss täglich sein!

Die größte Liebe
die unbändigste Lust
das Schreiben spielt
mit den Gefühle
Empfinden und zufrieden sein

Schreib-er-leben

Die Seiten reißen
und Ecken fehlen
du steht weitab
vom 0815 Leben
da sind auf einmal
die Gedanken
die sich in dein
Leben tanzen
du hast sie nicht bestellt
doch jetzt sind sie
die Farben deiner
neuen Welt

Auf Biegen und Brechen

Manchmal muss ein Entwurf auch einfach weg
man kann nicht alles korrigieren
bedenken- und gedankenlos
willst du dich fühlen
Freu(n)de haben
Leben spüren

Kleine Tode

Manche Themen
aufgeschrieben
da wird Papier
oft tonnenschwer
und vermischt sich
mit den Tränen
aber ist es raus
stehst du gleich
leichter neben dir
Wer schreibt speckt ab
Gedanken lesen

Nur ein Hauch

Wenn der Gedanke winkt
doch die Idee zerspringt
ist Seifenblasenfest

Wer den Meister sucht
könnte auf die Schüler treffen

Wer Worte spüren kann
und sie erfühlen darf
finden in ihnen die Ehrlichkeit
den Selbstzweifel und das Glück
aber auch die Unzufriedenheit
die Sehnsucht schreibt so schwer
Verzweiflung kann noch mehr
all das kann man erfühlen
wenn Worte bei dir einziehen
nicht alles was gut klingt ist ehrlich
was ehrlich ist das klingt nimmt immer gut
doch wer das Wort erfühlen kann
fällt um fühlt sich betroffen
leidet freut sich mit
hat sehr oft Tränen in den Augen
oder schlägt ganz wilde Purzelbäume...
diese Momente müssen nicht gut klingen
Hauptsache die Worte reißen mit
selbst in absoluter Unvollkommenheit
wer nicht ehrlich schreibt
soll sehen wo er bleibt
vielleicht in einer Märchenstunde

Denkende Momente

Bei weitem bin ich
noch nicht so weit
mir fehlt der Glaube
und das Wissen
die Muse müsste
mich mal küssen
weiß nicht was ich will
aber halte nicht mehr still

Ich weiß nur eins
Da gibt es ein Gefühl
das mich unglaublich stärkt
und sich mit mir vernetzt
Ich werde sterben
wenn es mich verlässt

Schreiben leben 🙂

Nur ein Versehen

Ein kleines Licht vergisst sich
und leuchtet aus Versehen
warum auch nicht
spricht das Versehen zu dem Licht
es kann nicht mehr als schiefgehen

über das Schreiben

Du setzt Flöhe in mein Ohr
die über Tisch und Bänke toben
und ohne euch
da wäre mein Leben ganz schön leer

Traumland

Du denkst in Dimension
und einer Sprache
die niemand versteht

lebst gern in diesem Land
das dich regelmäßig aus
der Realität entführt

Licht und Weite sanfte Hügel
sattes Grün und du mittendrin
in einer Welt die nur dir gehört

Ehrlich

voller Fantasie
findest du die
Wortgewalt
kämpfst seitdem um sie

Verlustängste

Von Traurigkeit umschwebt
trägt Lyrik dich sehr weit
im Tränenmeer verwebt
besteht sie auf ein festes Kleid
Gedanken haben sich gefunden
zwischen Nebel und dem Morgentau
noch warm und frisch erfunden
dein Name steht im Wörterbau

Verlasst mich nie in meiner Welt
sonst legt die Nacht sich auf das Licht
und die Gedankenwelt zerfällt
und nähme mit das lyrische Gesicht

Verdammt

Jeden dritten Tag denkt Sie
„lass doch das Schreiben"
sitzt trotzdem am PC
und lässt Gedanken treiben
zieht immer wieder Schleifen
und kann nicht aufhören
mit dem Schreiben

Anders Schreiben

Dafür braucht man Zeit
das geht auch nicht
wenn die Seele schreit
in ihrem Verzicht
nur Papier erduldet
das niemand etwas schuldet
also heißt es warten
im Gedankengarten

bis bald - oder nie
wer weiß das schon
es gibt die Energie
und die Situation

ganz bestimmt
und wenn nicht
geht trotzdem alles weiter
auf der Lebensleiter

Endlich

So ist das, wenn man schreibt
irgendwann findet man die Ehrlichkeit
und den Mut sich auszudrücken
die Wirklichkeit ins Licht zu rücken
unbestrahlt – der Sonne abgewandt
im Dunkeln hin und her gerannt
kommt irgendwann dann doch das Licht
denn es vergisst dich nicht

Verraten

Texte für die Dunkelheit
sprechen im Verstehen
rollen sich auf und wollen gehen
nehmen Flügel in die Hand
nur der Spiegel an der Wand
kann sie noch sehen
wie sie fliegen
in ein neues Land

ganz schön mutig

Ohne Ende

Die eigenen Gedanken lesen
kann nicht nur wer schreibt

für alle andern steht da nur
was du so denkst oder
wonach du innigstes schreist

dabei rettest du nur Träume
die nun auf Barrikaden klettern
sie fliehen in die Freiheit
und haben endlich eigene RÄUME

die Fantasie
sie hat nur nachgedacht
sich selbst damit
die größte Freude gemacht

Mengen und Massen

Du lebst auf
in deinen Gedanken
du bedruckst
derzeit Papier
und handelst
wie versprochen
statistisch
lebst du jetzt hier
und Seitenzahlen
sprechen nun
zu dir

Vielleicht

Hier geht es nur ums Schreiben
in manchen Zeiten hat man es
jedoch verlernt
deshalb hat es sich dann
nur gefühlt erhängt
das Schreiben
wollte nicht mehr leiden
auch nicht mehr schweigen
und nie mehr traurig sein
und endlich wieder mal allein

Nachruf

Die Fantasie hat keine Flügel mehr
der Kopf ist furchtbar leer
lacht nicht mehr in sich rein
kann nie mehr in die Lüfte steigen
in einer Nacht die Welt umkreisen.

Das Schreiben

ins Leben integriert

Das Schreiben gibt so viel
bringt Farbe in das Leben und
dient zugleich als Sieb
so kann man filtern
mutig macht es
und verwegen
schießt du
über alle Grenzen hinaus
und doch sind es
die stillen Momente
die die Freude bringen.

ein Stift - ein Blatt -
mehr braucht es nicht

Weg zu dir

An der Zeit

Weniger
ist manchmal
so viel mehr
und gibt dir Zeit
NACHZUDENKEN

Unerhört

Dein Leben wird besetzt
von Besserwissern
sie setzen dich in Schachteln
die sie selber basteln
ärmlich sind ihre Gedanken
die so viel Kraft verbrauchen
lass' sie basteln in ihrem Denken
aber du wirst all' dem
keinen Glauben schenken
die Freiheit in dir ist grenzenlos
und kennt kein *Schachteldenken*

Lang war der Weg

Ich sage was ich denke
und das verschenke
ich auch gern
das Leben wie ein Stern
leuchtet hin und wieder
du bist nicht immer Sieger

Lerne

Die Lust am Leben

Kehre stündlich Sorgen vor die Tür
stelle verrückte Ideen in jeden Raum
missachte drohende Zeigefinger
setzte da an
wo dein jetziges Ich aufhört

auch wenn's erst mal nur im Kopf ist
aber da fängt ja bekanntlich alles an

Vergeblich

Manches kann man nicht zerreden
man sollte ihm lieber Beine geben
und seinen eigenen Willen
denn stark ist es sowieso

von Jägern und Sammlern

Manch einer ist Sammler
auf der Straße des Lebens
kümmert sich um
gefallene Jäger
pflegt sie gesund
mit Liebe
und einem Mund
der spricht vom Licht
Doch eines nachts
da flieht der Jäger
es wird ihm zu bunt
und der Sammler
vergisst ihm das nicht
gekränkt wie er ist

Weg zu dir

Das Leben ist zu ernst
kann oft nicht lachen
deshalb sollten wir es
umso öfter machen

Denn

Such' ruhig nach dem Licht
doch verlier dich dabei nicht
nur ein paar Lebenssteine
hast du in der Hand
und die müssen reichen
für dieses Lebensland

Nie mehr quälen

niemals verstellen
eine Sprache sprechen
die immer zu dir hält
jedes Licht findet sich
immer schon geahnt
doch nie bewusst
behältst du dich
änderst dich nicht
NIEMALS und
HOFFENTLICH

Land ohne Licht

Dort braucht man sowas nicht
man lebt von gestern
hat keine Zeit für morgen
tritt nur durch seine Sorgen
vergisst und bemitleidet sich
wofür braucht man da noch Licht

Da ist diese Kraft

die es immer wieder schafft
Platz zu finden in einem Leben
Auch Träume können geben
nicht nur die gelebten
Träume haben eine Eigenschaft
sie geben schon mal ganz viel Kraft
nicht nur in einer Vollmondnacht

Im Miteinander

Die Liebe zum Menschen
erfährt sie auch mal Grenzen
es sind die selbstgesetzten
die andere aber dann verletzen
doch den eigenen Heiligenschein
zu hoch zu schrauben
könnte deinen Lebenswillen rauben
im Dauerverständnis untergehen
spätestens dann wirst du verstehen
"Rien ne va plus"

Verbindlich

Du poliert dein Selbst vom Wert
doch stellst es wieder in den Schrank
es reicht, wenn du dich selber kennst
dein ganzes langes Leben lang

Hier

Hier lebt kein Hass
hier herrscht die Zeit
hier leuchtet Licht
in größter Ehrlichkeit
hier lebt was schreibt
und niemals spricht
hier lebt das Selbst
in der Erfindung
hier lebt das Größte
was es gibt
es sind Gedanken
die hier leben
sich ein Rahmen geben
hier lebt
was niemand sieht

Und es gibt nichts Schöneres
als über all' das zu schreiben

Gedanken fallen

Wenn der Strick
um sein Genick
und der Gedanke denkt
wo er am besten
sich erhängt
trägt man danach
nicht immer schwarz
Manchmal wird dann
sogar der Himmel blau
doch vorher weißt
man das ja nicht genau

Einzig aber nicht artig

Egal was die Welt denkt
doch auch dir
hat man ein Leben geschenkt

Wehre dich nicht

Wenn die Angst
aus deinem Gesichtsfeld tritt
nicht weil du sie besiegst
sondern weil es immer etwas gibt
das dir hilft und dich weiterführt
sieh dich und spüre diese Kraft
die Weiterleben schafft ...

Kopfschleifen

Die Gedanken stecken festgeklemmt
so ist das wenn man sich verrennt
die Flügel ausgefallen
musst du jetzt laufen
blutig wie dein Hirn
laufen Füße nur noch Kreise
über selbstgeworfene Steine
ertasten neuen Lebenssinn
die Leichtigkeit entschwebt
kopfschüttelnd sieht sie zu
das bist doch nicht mehr du

Auf *richtig*

Handele immer nur so
wie du auch fühlst
Der Wege er (-)schließt sich
wenn du ihn spürst
die dunklen Stunden
und hellen Momente
in dir ist kein Ende
weil du all* das siehst

Stopp

Eine kleine Weile
Ohne irgendeine Eile
Da ist der Moment
Der sich in dein
Bewusstsein drängt
VERWEILE

Einlauf

Der Weg nur noch weit
der Kopf er schreit
Berge will er
noch erklimmen
ans Gipfelkreuz
sein Selfi pinnen
jetzt gibt es
nur noch
lang und weit
*sich selbst
erkennen lernen*
wünscht dir
ma(h)l ZEIT

Im Nebelreich

Jeder Weg hat seinen Gang
er geht so weit
und hält so lang
wie die Zeit
ihm das erlauben kann

Im Auffangnetz

Der doppelte Boden
hat dich immer getragen
doch hast ihn verloren
irgendwann
und irrst
seitdem hilflos umher

Doch er liebt dich
so sehr
der doppelte Boden
und wartet auf dich
treibt dabei immer
hin und her

Zurück zu dir

Auch du liebst den doppelten Boden
er ist nicht nur ein Teil von dir
er schmeckt nach dem Salz des Lebens
und rauscht beruhigend unendlich nach
Mee(h)r
an manchen Tagen sitzt du am Gipfelkreuz
hast alles erklommen
und lässt vieles hinter dir
doch frierst plötzlich im Höhenrausch
und sehnst dich zurück zum Mee(h)r

Versuchsweise

Bin kein Richter
auch kein Dichter
doch weiß
was sich gehört
Menschen zerstört
jeder weiß so viel
wenn er mal
in sich hört

Im Licht

Kennst du das Gefühl
im Sonnenschein zu liegen
und in dir ist nichts als Frieden

Irgendwann

Wer das innere Kind täglich schlägt
braucht sich nicht wundern
wenn es sich nicht mehr wehrt
irgendwann sich ergibt
und stirbt und zu Staub zerfällt
und dann ist alles zu spät
wenn man irgendwann
dann doch nach ihm kräht

In Gedanken

Kein Ton
macht auch Musik
und zeigt dir
wer dich wirklich
liebt

Glücksfall

Wenn die Stille
um dich herum
verschwindet
der tiefe Frieden
in dir
sich wiederfindet
braucht es
kein Wort dafür

Das Licht

erwischt auch dich
irgendwann
vergiss das nicht
deshalb
glaube daran
IRGENDWANN

Die Seele

nimmt einen Körper
mit auf ihre Reise
den Partner finden
Lust und Vermehrung
Bestätigung und Schaffenskraft
ist was der Körper will
und meistens schafft

Doch auf die Seele
gibt er irgendwann
dann nicht mehr Acht

Wie lebst DU mit DIR?
ist da noch grenzenlose Liebe?
seid ihr noch immer WIR?

oh wie gewagt ...

Selbst

Nur dein Lächeln
schafft eine neue Welt
die Seele wird erhellt
liebt glückliche Gefühle
dein Umfeld lacht zurück
hat dich im Blick
Gefühle spielen gern verrückt
lieben solche Momente

Auf*tritt

Die Bühne deines Lebens
einen Platz davor suchst du vergebens
man stellt dich ungefragt hinein
Sollst doch dein eigener Mittelpunkt sein

Schade eigentlich

Die Freiheit
die du in dir spürst
musst du auch leben
sonst hat sie dich
umsonst verführt

Jeder und aller Zeit

Du bist ein gutes Stück
vom Gegenlicht
ins Dunkle abgerückt
doch vergiss nicht
den Weg es gibt ihn
nicht nur ZURÜCK

Nicht nur vielleicht

Das Leben nimmt
das Leben gibt
das Leben spinnt
weil es dich liebt

Flucht

Gedanken fallen flüchtend aus dem Kopf
verbinden immer nur verletzte Seelen
ohne eigene Ideen
Sterne sitzen zu oft hinter blinden Augen
können nichts mehr sehen und
wollen ebenfalls gehen
dem Aufbruch
 ist die gute Stimmung anzusehen

Schade

Wenn Gedanken
sich erhängen
nie mehr Stroh
zu Gold spinnen können
wenn das *All* im Tag
dich überrollt
dann ist das mehr als
SCHADE

Vom Leben

Wie die Noten
auf dem Papier
so spielen auch wir
in unserem Revier
denn jeder Ton
ist vorgegeben
du kannst gar nicht
daneben leben

Der Weg

Genügend Raum zum Leben
können nur wir selbst uns geben
nach vorne streben
wollen wir doch leben
und im Versuch tun wir uns gut
erleben dabei viel Geschenktes
so ist das Leben eben
es mag uns – wir müssen es nur sehen

Vertrauen

Was du dir wünscht in deinem Leben
passiert nicht mal so gerade eben
du willst weiter du willst es besser
das Leben hört nicht immer gut und
macht es *anders* und dann
vielleicht noch schlechter

Nimm' dich zurück
begegne nur noch dir
schau zwar nach vorn
doch auch in dein Ich
das Leben mag das
will diesen Blick
schaue zu dir
und vertraue dem Leben
dann schaut das Leben
auch auf dich

ieso

Kommst du nie auf den Gedanken
Werte zu erkennen und zu erfassen
wieso siehst du dich nie positiv
wieso siehst du ewig Schranken
wieso glaubst du nicht an dich
wieso lebst du eigentlich
nachts besuchen dich die Schatten
ewig stellst du dich in Frage
in jeder Lebenslage
wieso eigentlich
was sind deine Werte
jedes Leben lebt sich
doch deines tut es nicht

„Warum liebst du mich nicht"
fragt das Leben jetzt mal dich!

Kapitel

Ein gutes Gefühl
bestimmt den Tag
das ist so, wie wenn
man sich richtig mag

Geh

zurück zu dir
es steht dir
mehr als gut
VERSPROCHEN

Auf los

So positiv
sind die Gedanken
setzten sich ohne Schranken
zwischen Trostlosigkeit
sind einsatzbereit
der Kampf
er kann beginnen
Wer wird gewinnen

Wertung abzugeben

Im Miteinander
jeden nehmen
wie er ist
denn allein schon
der Versuch
jemanden zu ändern
verändert schmerzlich
ausnahmslos nur dich
hat doch jeder ein Recht
auf wertvolles Leben
aus seiner Sicht

EBEN !

Momente

Der Bruchteil einer Sekunde
teilt spontan deine ganze Welt
im Vergessen und Ermessen
spricht nur noch Gegenwart
und zeigt ihr Licht

Dein Gang

Freigeschwommen
im Labyrinth der Gefühle
ertastet dich die Nähe
zeigt dir grenzenlose Weite
und Hoffnung siedelt sich an
das Glück lässt sich nieder
und du schaust dir endlich
mal wieder dein Spiegelbild an

Verzogen

Wo ist deine Seele hingeflogen
sie lebt nicht mehr bei dir
packte irgendwann die Koffer
das Leben mit dir war ihr zu schwer

Du meinst

das Leben spielt
dabei liebt es den Ernst
wird dir deshalb oft zu viel
und du merkst nicht
was du dabei so lernst
das Leben bittet nicht
das Leben richtet dich
+ du fährst unabänderlich
in deine eigenen Bahnen
Schicksal nennt es sich
das Leben – es spielt nicht

Show-down

Augen
die sich bedecken
und Gedanken
die sich verstecken
hinter Dauerlächeln
das Leben erfriert
weil sich
Wahrheit geniert
dumm bis dümmer
versteckt unter Glimmer
VERFEHLT

im Sinn

wie furchtbar Du bist
als Realist
Tagträumer werden
doch so vermisst

Vom Finden

Der Stein im Sein
der Nebel im Gehirn
was ist daran schlimm
das Leben stellt ein Bein
nicht um gemein zu sein
erfüllt nur (s)einen Sinn

Stille Momente

Wer schreibt
der bleibt
Doch wo?
Wer denkt
der lenkt
zumindest sich!
ganz leise!

Ewiglich

Dein Weg muss nicht
nach außen leuchten
es reicht wenn dieser Weg
sein Licht in sich trägt
sich selbst bescheint
vereint

Kleinlaut

Immer zwischen allen Stühlen sitzen
kann jeder dich benützen
kauf dir endlich eigenes Holz
bau deinen eigenen Stuhl daraus
und schenk` dir jede Menge Stolz
er wird dich schützen ...
und du schaust endlich mal
aus deinem eigenem Fenster raus

auf einem krummen Ast

Ich sitze hier auf einem krummen Ast
doch weiß zumindest wer ich bin
deshalb ist es ist auch nicht schlimm
auf diesem krummen Ast zu sitzen
denn er ist unter mir gewachsen
und Hass geht nicht zu meinen Lasten
jeder sollte doch nach eigenen Ästen sehen
im Geben und Nehmen Vorbild leben
und mich so krumm belassen
doch selber mal nach seinen Werten fassen

Auch du

lernst täglich noch dazu
ein Leben auf du und Du
brich' nichts weg
halte alles aus
was du erlebst
hat seinen Sinn
auch wenn du
es nicht glaubst

Stalking

Fundstücke

Du denkst
ich sammele Seelen
um sie dann zu quälen
siehst mich als Klammer
andere sagen Spanner

Eingebungen

Du willst nicht wissen
was ich denke
du willst nicht spüren
was ich dir schenke
du willst nicht
und was will ich
es ist nur
ein Gefühl

Im Spiegel

Die Freundschaft ist
was bleibt
sagt man
und was ist
wenn die
Freundschaft bleibt
die niemals war
und niemand will
fragt man

Verzerrte Gedanken
kennen keine Schranken
bilden sich was ein
wollen so gerne Freund sein
Stalking

ohne Gestalt

Ich steh vor dir
doch du
du siehst
mich nicht
angeblich
verstehe
ich
das nicht 🙂

Zu guter Letzt – dies und das

Nachdenklichkeit macht sich b(e)reit

Wie weit geht das Leben
Es geht sehr weit
denn es braucht uns
nicht nur mal eben.
Es lebt in der Beständigkeit
und würde dafür alles geben
das Leben lebt in uns
liebt uns deswegen

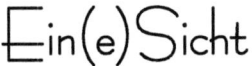

In einem kleinen Leben
bin ich mir selber fast zu viel
verstehe das wer will
ich weiß darum
und lebe ab sofort
um mich herum

Das könnte glücken

Selbstversorger

Du lehnst dich nicht nach außen
Du musst dich deshalb auch nicht verkaufen
du lebst in dir aber das ganz schön allein
du kannst nicht reden es sollte nie sein
du kannst schreiben hast dich damit erfunden
du hast Glück gehabt hast dich somit gefunden

Nur einmal

Hast du dir nur einmal überlegt
wer du wirklich bist
und welches Gesicht
dein Ehrlichstes ist
welcher Zug in dir
der Wesentlichste ist
welche Gedanken
deine liebsten sind
und welche Zeit
dich in die Verschwendung bringt

Kleiner Tod

Es klappt die Tür noch in der Nacht
erschreckt dein Blick sie lauert schon
Sekunde des Verstehens
gedemütigt erschlägst du Kissen
musst dir dabei gestehen
wieder mal kein *gut* und *schön*
niemand will ein Wiedersehen
das nächste Mal so schwörst du dir
wirst du mal gehen

Nur ein Versehen

Ein kleines Licht vergisst sich
und leuchtet aus Versehen
warum auch nicht
spricht das Versehen zu dem Licht
es kann nicht mehr als schiefgehen

Verraten

Texte für die Dunkelheit
sprechen im Verstehen
rollen sich auf und wollen gehen
nehmen Flügel in die Hand
nur der Spiegel an der Wand
kann sie noch sehen
wie sie fliegen
in ein neues Land

ganz schön mutig

Die Wahrheit

wiegt oft schwer
und nur die Stille
könnte etwas dazu sagen

♥

Glück ist etwas
was man nicht
verdienen
kann
Doch
wünschen
kann man es
von ganzem Herzen

Extrem

Extrem im Denken
extrem im Schenken
extrem im Untergehen
immer nur extrem
wie wär es mal mit
Wiederauferstehen
das wäre
extrem Schön

Eigen

Nie warst du überheblich
zu oft riss man dir
den Boden unter den Füßen
immer wieder einfach weg
doch auch immer wieder
fingst du ganz von vorne an
und in manchen Stunden
schaust du heute zurück
vermisst die Reihe
auf die jeder was bekommt
doch da stehst nur du
und schaust dir selber zu
bist wie immer reserviert
aber noch nie bis niemals
kollabiert

doch so
ist nicht nur dein Leben

Kleine Welt

Hier lebt was zählt
hier lebt die Freundlichkeit
und auch die Fantasie
hier lebt das wo und wie
und auch das oft bis nie
hier lebt was gar nicht sprechen kann
doch raus muss irgendwann
hier regiert nur das Gefühl
lebt hier im Asyl
das ist kleine Welt
in der man sich gefällt
hier lebt was zählt

Auf gute Weiterreise

Kein bisschen weiser
hoffnungsvoll aber nicht verloren
doch noch ganz schön dicht
und immer noch so grün
wie die Hoffnung

Gedanken

Du weißt nicht wie es ist
wenn jemand dich vermisst
du kennst kein Klagen
du kennst kein Jammern
im Grunde kennst du Nichts
du lebst weil du hast bist
und trotzdem ist dein Herz so weich
auch dafür kannst du nichts
Du bist halt so weil du so bist

Stilles Schicksal

Ein
Leben durchzogen
von ewigem Schweigen
immer anders doch immer
still

Die klare Linie

Die klare Linie zeigt sich
wenn du weißt
was wirklich wichtig ist
für dich

dann bist du auch bereit
zu brechen
mit dem
was einmal wichtig war
für dich
es ist nicht mehr
die Frage
wie weit
kannst du
noch gehen

du stehst so weit entfernt
von dir und deinem Leben
zu viele Jahre hast du
gegen dich gekämpft
ich denk an dich
und du
denk an die klare Linie

Umkehr

Jeder hat ein Licht
das für ihn brennt
in diesem Leben
und wenn du meinst
für dich brennt nichts
schließe die Augen
und lasse los
von deinen Ängsten
dann findet dich sogar
das Licht

Alles

und wirklich alles
braucht und
bekommt auch
seine Zeit
sinkt so tief
und schwimmt
so weit
bis es den Horizont
erreicht
Weitergehen
wäre schön
Laut oder still
wir werden sehen

Der Weg

war lange wirklich leer

und zudem noch richtig schwer
Krankheit die dich niederdrückt
Unverständnis machte dich verrückt
trotzdem leuchtet dir ein Licht
wir alle haben etwas was nicht bricht
deshalb verlierst du dich auch nicht
der Glaube an dich selbst
mehr braucht es nicht für diese Welt

Ursprünglichkeit

fühlt sich oft einzigartig
unterordnen in einer Hierarchie
wird sie sich **sicher** *niemals* **nie**
Begriffe die ihr den Weg bereiten
Persönlichkeit darf sich nicht spalten

Heute ist nicht gestern

Am Wühltisch
der eigenen Gedanken
erkennt man erstaunt
das Denken
hat sich verändert
früher von Demut bestrahlt
von Edelmut benützt
lebt mittlerweile auch hier
eine unendliche Wut
Platz hat sie bekommen
in einem Leben
so unverstanden von der Welt
wurde früher doch nur
von Traurigkeit belebt.
Zugelassen wurde sie
und lässt sich
jetzt nicht wieder einfangen

Show-down

Augen
die sich bedecken
und Gedanken
die sich verstecken
hinter Dauerlächeln
das Leben erfriert
weil sich
Wahrheit geniert
dumm bis dümmer
versteckt unter Glimmer

VERFEHLT

Immerhin

Wer dich kennt

will nie was wissen
fragt nie nach dir
erzählt viel lieber
vom eigenen Geschwür

du bist
noch lange nicht soweit
auf eigenes Recht zu pochen
auf dein und dich und dir
hörst lieber zu
doch denkst

warum fragt eigentlich
niemand mal nach dir

Nur einmal

Hast du dir nur einmal überlegt
wer du wirklich bist
und welches Gesicht
dein Ehrlichstes ist
welcher Zug in dir
der Wesentlichste ist
welche Gedanken
deine liebsten sind
und welche Zeit
dich
in die Verschwendung bringt

Die Wahrheit

wiegt oft schwer
und nur die Stille
könnte etwas dazu sagen

Im Finale

Die Seele denkt an ihre Zeiten
sie kann dir nicht mehr helfen
der Weg war wichtig
und überhaupt nicht sinnlos
natürlich auch für sie
die Seele weiß so viel
doch löst sich endlich
sie weiß um dich
sie weiß so viel
doch endlich kann
sie wieder atmen

ADIEU

Endlich

So ist das wenn man schreibt
irgendwann findet man die Ehrlichkeit
und den Mut sich auszudrücken
die Wirklichkeit ins Licht zu rücken
unbestrahlt der Sonne abgewannt
im Dunkeln hin und her gerannt
kommt irgendwann dann doch das Licht
denn es vergisst dich nicht

So liest das wenn man schreibt
über sich und seine Einzigartigkeit

Glück ist etwas
was man nicht
verdienen
kann
Doch
wünschen
kann man es
von ganzem Herzen

Verraten

Texte für die Dunkelheit
sprechen im Verstehen
rollen sich auf und wollen gehen
nehmen Flügel in die Hand
nur der Spiegel an der Wand
kann sie noch sehen
wie sie fliegen
in ein neues Land
füheln sie sich
ganz schön mutig

Da ist diese Kraft

die es immer wieder schafft
Platz zu finden in einem Leben
auch Träume können geben
nicht nur die gelebten
Träume haben eine Eigenschaft
sie geben schon mal ganz viel Kraft
nicht nur in einer Vollmondnacht

Das Leben

braucht Gleichmäßigkeit
mit einem Hauch
von Gleichgültigkeit
sonst wird das nichts
und du musst täglich
alles neu erleben
dich aufregen aufregen

Frei — was ist das

Immer ist es der Tag
an dem sie denkt
lass doch die Worte
einfach mal laufen
Worte brauchen Pausen
stattdessen sollte sie
sich lieber Blasen laufen
Frischluft fürs Gehirn
im Garten mal entwirren
der Tag ist nicht mal rum
und die Worte schwirren
schon wieder um sie herum

Freunde halt

Kleine Welt

hier lebt was zählt
hier lebt die Freundlichkeit
und auch die Fantasie
hier lebt das wo und wie
und auch das oft bis nie
hier lebt was gar nicht sprechen kann
doch raus muss irgendwann
hier regiert nur das Gefühl
lebt hier im Asyl
das ist kleine Welt
in der man sich gefällt
hier lebt was zählt

Ohne Zweifel

Ich glaube an dich
oder mich
und an die
Unvollkommenheit
sie gehört nicht nur dir
auch ich folge ihr
wie wir alle
uns in ihrer Schwäche
wiederfinden
denn nichts anders als das
ist LEBEN

Dezemberlicht

Im neuen Verhältnis
Zum Jetzt und zum Hier
Beginnst du ab morgen
vielleicht mal mit dir

Sie mag

keinen Hass
den kennt sie
zur Genüge
sie mag
was nicht passt
und verleiht dem
mitunter auch Flügel
himmlisch daneben
wie ihr Geist
ist sie und
immer
absolut völlig
ergeben
Schicksal annehmen
Das ist ihr Leben

wem das nicht passt
kann jederzeit gehen

Du bist und isst

weil du Angst hast
das deine Seele
unter ihrer Last
zusammenbricht
Das hältst du nicht aus
und haust deshalb
noch ein Brötchen
obendrauf

Im Versuch

Krause Sätze tragen weiße Fahnen
im ich und du hält jeder nur ein Licht
es leuchtet durch die krummen Bahnen
das Leben schuf die Wanderschlangen

Verperlt

Die Klänge deiner letzten Worte
verperlen wie Champagner
im funkelnden Kristallglas
zurück bleibt eine schale Brühe
doch ist sie stilvoll aufbewahrt

Im Verlauf

Dinge die geschehen müssen
Tage die unendlich scheinen
Leben laufen unter Tränen
Rosen die umsonst gewachsen
deine Sprachen fühlt der Wind
Küssen unentwegt und machen blind

Aufgewacht

Im Sumpf der Gefühle
küsst der Mond
plötzlich die Sonne
und Wahrheiten
glitzern wie Sterne
hinter der Stirn

Verflossen

Die Klänge deiner Worte
verhallen im Nirgendwo
und nicht nur Füße bluten
doch laufen bis zum Horizont
so blind vor Schmerz
füllen Tränen ganze Meere

Gefunden

Verrenkte Worte
finden sich
bereit zum Scheitern
denken nicht
wollen nur
und graben
ihre eigene Spur
so schräg
verpflichten
aber nicht
mit ihren Worten

Ein Kind

Du lebst so frei
lebst wie der Wind
du bist ein Kind
doch du weißt viel
weißt wie es geht
du lebst so frei
lebst wie der Wind

Virtuell

LOSGELASSEN heißt nicht
AUFGEGEBEN zu haben
ungesprochene Worte
schweben zwischen
ungelebten Situationen
virtuell im Wesen
haben Gedanken
keine Schalter

ungesetzte Schranken

Die Fantansie besitzt
die schönsten Kreise
zärtlich malt sie alles
zeigt so auf ihre Weise
sehr her - ich kann so bunt

Nicht nur

die Nacht ist still und schweigt
sie schreibt
lautlos fallen Worte
scheinbar wahllos aneinandergereiht
wo ist der Sinn fragt sie
doch muss es tun
und morgens ist ihr richtig schlecht
der erste Blick fragt die Gedanken
wo waren eure Schranken heute Nacht
mal wieder lächerlich gemacht!
etobt habt ihr und nicht daran gedacht
Der Tag beginnt
die Nacht schwimmt irgendwann davon
doch kehrt zurück
und wieder fallen Worte
teuflisch dieses Spiel
sie kann ihm nicht entrinnen
am nächsten Morgen ist ihr
all das wieder viel zu viel

...

lieber Leser

Du denkst
ich schreibe nur für dich
das ist nicht ganz so falsch
denn ohne dich pflegte
ich das Schreiben nicht

Danke für Eure Zeit

AndreaAde

andrea-ade.de

Kurzgeschichten – und längere Gedichte

Geschichten
die das Leben leben
sind so real
geschehen eben

Kurzgeschichten
und längere Gedichte
zum Lesen oder vorgelesen werden

ISBN 978-3746011318

Such' ruhig nach dem Licht
doch verlier dich dabei nicht
nur ein paar Lebenssteine
hast du in der Hand
und die müssen reichen
für dieses Lebensland

ISBN 978-3741280696

Novemberzeit

Das innere Land
Bis an alle Grenzen gegangen
das ganze Leben liegt im Nebel
der Sinn hat sich dort aufgehangen
baumelt traurig jetzt am Seil.

Ein Buch für Menschen, die nicht mehr traurig sein
wollen oder sollen.

ISBN 978-3735794666

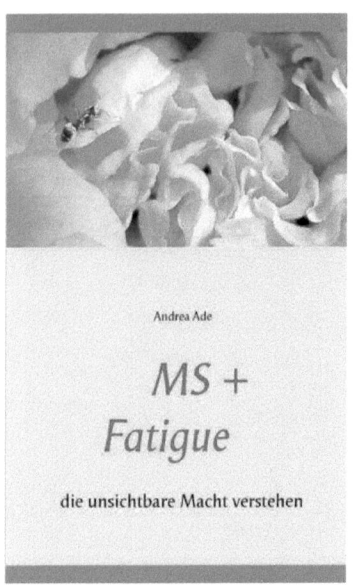

"Aussehen wie das blühende Leben, doch in mir herrscht Novemberzeit"

Texte und Gedanken von der Seele geschrieben zum Weitergeben und verstehen. Das wünscht sich die Autorin - mehr Verständnis im Umgang mit dieser Krankheit und deshalb dürfen ihre Texte nun spazieren gehen

ISBN 978-3735740069

Fatigue - MS Gefährte

Das Leben ist kein Gedicht, aber man kann welche
daraus machen. Gedanken ohne Schranken, rund um
die Fatigue:
Du bist zwar bunt
Doch lebst schwarz-weiß
Dein Leben liegt auf Eis

Texte wollen Mut geben und helfen, Situationen zu
verstehen, versuchen in jedem Tag ein Morgen zu
sehen.

ISBN 978-3842349049

Elfchen schreiben

Andrea Ade

wenn Worte tanzen lernen

Elfchen - Wortspielereien oder Kurzgedichte - nach
Themen gegliedert, auch mal abweichend von der
strengen Formvorgabe, möchten die Freude an dieser
Gedichtform vermitteln, abgerundet durch einen
Adventskalender voller Elfchen, Haikus, kurzer Ge-
danken und kleiner Gedichte

ISBN 978-3738606898